Ludwig Gschwind

Glaube geht
durch den Magen

D1664725

© 2018 by fe-medienverlags gmbh, kisslegg
www.fe-medien.de
1. Auflage 2018

Gestaltung: Renate Geisler
Druck: CPI-books
ISBN: 978-3-86357-206-8

Printed in EU

Inhalt

Gesegnete Mahlzeit!
Ein Mittagsgruß

Manche oft gebrauchte Redewendung nutzt sich im Lauf der Zeit ab. Aus einem Satz bleibt noch ein Wort und selbst das Wort überlebt die Abnutzung verstümmelt. Aus einem „Behüt' dich Gott!" wird dann ein „Pfüat di!", aus einem „Adieu" wird „Tschüss", aus einem „Ich wünsche dir einen guten Tag" ein „Guten Tag!" und schließlich nur noch „Tach!" Wenn mittags alles dem gedeckten Tisch zustrebt, hört man nur einen Gruß: „Mahlzeit!" Früher wünschte man sich nach dem Tischgebet, wenn man sich zum Essen niedersetzte: „Gesegnete Mahlzeit!" Heute kann man weit häufiger hören: „Guten Appetit!" Seit bald jeder zu einer anderen Zeit zum Essen heimkommt, gibt es nicht nur kein gemeinsames Tischgebet mehr, sondern jeder isst, auch ohne dass gute Wünsche ihn begleiten. Man isst vielleicht ein wenig hastiger, ein wenig schlampiger. Man achtet nicht besonders auf Tischmanieren, aber was solls? Niemand stört es.

„Gesegnete Mahlzeit! Hätten wir nicht allen Grund, uns für diesen Wunsch wieder Zeit zu nehmen? „Mahlzeit!" ist zu wenig, zu neutral. „Mahlzeit!" kann man auch sagen, wenn irgendetwas danebengegangen ist. „Mahlzeit! Jetzt haben wir den Salat." „An Gottes Segen ist alles gelegen", war die Ansicht unserer Vorfahren.

In dem Buch „Wie's früher war" erzählt der Balzhauser Oberlehrer Haltenberger folgende überlieferte Begebenheit. Ein Maurer aus Burg, einem Nachbarort von Balzhausen, kam müde und hungrig von der Arbeit heim, setzte sich an den Tisch und aß die Erbsensuppe mit Blut- und Leberwurst darin. „Gott segne es dir, Franz", sagte seine Frau und setzte sich zu ihm. „Am Appetit fehlt's it, und wo der ist, braucht's einem kein Herrgott segnen." Diese Rede gefiel seiner Frau ganz und gar nicht. Sie sagte aber nichts. Zum Abendessen machte sie ihm eine große Pfanne voll geröstete Topfennudeln. Die aß er alle mit einem wahren Wolfshunger und wurde nicht satt. „Weib, ich könnt noch eine solche Pfanne essen, wenn ich nicht fürchten tät, dass ich verschnelle. Ich weiß nicht, was ich für einen komischen Hunger habe." „Da kann man helfen", meinte seine Frau. Zum Morgenessen erhielt er daher eine große Pfanne voll Habermus, überreich geschmalzen, die er ebenfalls mit Stumpf und Stiel aufaß, und er wurde nicht satt. Eines Tages, als er sich wieder zum Essen niedersetzte, meinte er: „Bei all dem Essen muss ich verhungern. Es will nichts bschießen. Wenn's so fortgeht, höre ich an Kirchweih nimmer zum Essen schreien." „Warum it gar", meinte seine Frau, „es ist noch nie a Goißbock auf dem Heustock verhungert." Er wies diesen Trost zurück und klagte: „O, ich armer Mensch, dass mich der Herrgott so gezüchtigt hat für mein lästerliches Reden." Kurz darauf starb der Mann.

Wir können gar nicht dankbar genug für die Gesundheit sein und gewiss sollten wir noch dankbarer für den reichlich gedeckten Tisch werden. Alles ist für uns so selbstverständlich geworden und jene Zeiten, in denen man für ein Stück Brot kilometerweit gelaufen wäre, sind längst vergessen. Dass es Millionen Menschen gibt, die hungern, daran denken wir nur selten. Gott hat keine anderen Hände als die unseren. An uns ist es, mit dem Hungrigen das Brot zu teilen. Wir können im Tischgebet nicht gut beten: „Unser tägliches Brot gib uns heute!", wenn wir nicht etwas von dem Vielen, das uns geschenkt ist, hergeben. Wir können nicht dem anderen eine „Gesegnete Mahlzeit!" wünschen, wenn er nichts zu essen hat.

Man muss die Feste feiern, wie sie fallen
Dominikus Ringeisen in froher Runde

Man muss die Feste feiern, wie sie fallen, der Meinung war Dominikus Ringeisen. Das Kirchenjahr bietet immer wieder Anlass zum Feiern. Jedes Fest will jedoch auch vorbereitet sein. Der Advent mit dem Rorate und der Adventsandacht gehört zur Vorbereitung auf das Weihnachtsfest. Je inniger man den Advent begeht, umso größer ist die Freude an Weihnachten. Das hat Ringeisen als Kind erfahren, dies wollte er als Hausvater den Schwestern und Pfleglingen in Ursberg vermitteln.

Man kann sich die Vorfreude auf Weihnachten kaum vorstellen. Sie steigerte sich gleichsam von Tag zu Tag. Endlich war es so weit. Der Heilige Abend! Krippe und Christbaum wurden bestaunt. Die Augen strahlten. Dann stimmten die Schwestern Weihnachtslieder an und jeder sang mit, so gut er konnte. Das war ein vielstimmiger Gesang mit manchem Brummen und manchem Schrei voll Glück dazwischen. Viele weinten vor lauter Freude. Doch dann ging es an das Aufsagen von kleinen Versen und Sprüchlein, die man sich mit viel Mühe eingeprägt hatte. Ganz stolz war der eine und die andere, wenn es ohne die Hilfe der Schwestern gelang. Jeder wollte dem Kind in der Krippe eine Freude bereiten. Man griff zu den Instrumenten und es erklangen die weihnachtlichen Weisen, die jedem ans Herz gehen. Tränen der Freude gab es in dieser Stunde in Fülle. Jetzt kam die Bescherung. Für jeden gab es eine Überraschung, für jeden ein kleines Geschenk. Wieder füllte sich der Saal mit Jubel. Für Ringeisen war es das größte Geschenk, dass er in so viele frohe und glückliche Augen schauen durfte. Das war ihm eine innere Genugtuung für all die Sorgen, die er sich mit der Gründung Ursbergs aufgeladen hatte. Ein wie viel ruhigeres Leben hätte er als Dorfpfarrer oder als Ordensmann gehabt. Die Sorgen hätten sich in Grenzen gehalten, aber nie hätte er in so viele leuchtende, frohe und dankbare Augen schauen dürfen als hier in Ursberg. Das war ihm Lohn genug für die tägliche Last und oft Überlast, die er zu tragen hatte.

„Vater Ringeisen", wie ihn die Seinen nannten, spielte nicht nur die Vaterrolle, er füllte sie auch aus. Da ging es ums tägliche Brot; da ging es um Arbeit; da ging es um Erziehung und Bildung; da ging es immer und in allem um die Liebe Gottes, die er jedem nahebringen wollte. Die Liebe Gottes wird erfahrbar in Menschen, die uns lieben. Das sollte zum Geheimnis Ursbergs werden: Gott liebt jeden.

Nicht nur die Feste des Kirchenjahres feierte Ringeisen mit seiner Gemeinschaft, sondern auch den Fasching. Da ging es immer hoch her. Da wurde auch der „Herr Superior" hochgenommen. Wie sehr er sich auf den Fasching freute, lässt sich auch daraus ersehen, dass er von seinem Kuraufenthalt in Wörishofen genau am „gumpigen Donnerstag" heimkehrte. Damit beginnen die närrischen Tage. Da wollte er nicht fehlen. Er wollte sehen und miterleben, welche Ideen seine Schützlinge wieder hatten. Er fand sich immer wieder bestätigt, dass in jedem Menschen Fähigkeiten schlummern, die entwickelt werden können. Sie müssen nur geweckt und entdeckt, sie müssen vor allem gefördert werden. Das taten die Schwestern in aufopferungsvoller Weise.

Den Ernst der Fastenzeit unterbrach der Josefstag am 19. März. Er wurde immer gefeiert. Dem heiligen Josef hat Ringeisen sein Werk anvertraut. Er war der eigentliche Hausvater, der Letztverantwortliche. Ihm hat er alles übergeben. Der Josefstag war deshalb immer ein Danktag. Am Josefstag fanden in späteren Jahren die Einkleidungen der Schwestern statt, nachdem die Gemeinschaft ihre oberhirtliche Bestätigung erfahren hatte. An diesem Tag legten die Schwestern ihre Gelübde ab, mit denen sie sich in besonderer Weise für den Dienst an behinderten Menschen verpflichten.

Man könnte das Kirchenjahr als die Seele des Kalenderjahres bezeichnen. Das Brauchtum spricht dabei das Herz in besonderer Weise an, ob es Palmprozession oder Heiliges Grab ist, ob Maiandacht oder Fronleichnamsprozession. An Ostern gab es natürlich Ostereier und man musste sich auf die Suche machen. Während mancherorts ein geweihtes Osterei über das Haus geworfen wird, um auf diese Weise den Schutz des Auferstandenen zu erflehen, kannte Ringeisen aus seiner Kinderzeit den Brauch des „Eierspickens". Zwei Kinder schlagen ihr Ei gegeneinander. Das Ei, das in die Brüche geht, gehört dem anderen. Der kleine Dominikus hatte die Idee, ein Steinei rot zu färben und mit dem zum Eierspicken zu gehen. Selbstverständlich blieb er ständig der Sieger und konnte fleißig Eier sammeln. Vermutlich sind ihm die andern Kinder schon auf die Schliche gekommen. Dieses Steinei war ihm aber doch so kostbar, dass er es auch noch als Pfarrer in Ursberg besaß. Es war ihm jedenfalls ein besonderes Vergnügen, an Ostern zum Eierspicken aufzufordern. Die aufgeschlagenen Eier wurden dann unter großem Hallo von allen verspeist.

Agathabrote gegen Heimweh
Zum Fest der heiligen am Agatha 5. Februar

Agatha, die Gute, stammte aus Sizilien. In der Zeit der Verfolgung unter Kaiser Decius hat sie ein grausames Martyrium erlitten. Der römische Statthalter hatte sich in das bildhübsche Mädchen verliebt. Er wollte sie heiraten, sie jedoch gab ihm einen Korb. Dafür rächte er sich brutal, wie die Überlieferung berichtet. Er ließ Agatha verhaften, nachdem sich herausgestellt hatte, dass sie eine Christin war. Die Schergen schnitten ihr mit glühenden Zangen beide Brüste ab. Noch weitere Qualen musste sie erdulden, bis sie schließlich im Gefängnis starb. Die Christen bargen ihren toten Leib und hielten ihr Grab heilig. Als mehrere Jahre später der Vulkan Ätna wieder ausbrach und Feuer sich ausbreitete, nahm man den Schleier, der das Grab der heiligen Agatha bedeckte, und ging dem Feuer entgegen, das sich daraufhin nicht weiter ausbreitete.

Die Verehrung der sizilianischen Heiligen hat, ähnlich wie die Verehrung des heiligen Vitus, durch das Herrschergeschlecht der Staufer Förderung erfahren. Die heilige Agatha wird besonders bei Feuergefahr angerufen. An ihrem Gedenktag, dem 5. Februar, werden in zahlreichen Pfarreien Agathabrote gesegnet. Es handelt sich dabei um Semmel, die an die abgeschnittenen Brüste der heiligen Agatha erinnern sollen. Das Agathabrot entfaltet heilsame Wirkungen bei den verschiedensten Brustleiden. Wenn Kinder in früheren Zeiten schon bald das Elternhaus verlassen mussten, um oft weit entfernt eine Schule zu besuchen oder auf einem fremden Hof mitzuarbeiten, gab man ihnen das gesegnete Agathabrot mit auf den Weg. Immer wenn sie dann Heimweh hatten, sollten sie das Agathabrot nehmen und ein paar Krümel essen, dann würde es abklingen.

Agathabrot gegen das Heimweh erhielten auch die Kühe, wenn sie im Frühjahr auf die Alm getrieben wurden. Auch in diesem Fall setzte man auf die Fürsprache der heiligen Agatha. Man achtete auch sehr darauf, dass man immer ein Agathabrot im Haus hatte, damit, wenn je ein Feuer ausbrechen würde, man es sofort in die Flammen werfen könne, denn dann würde das Feuer erlöschen.

Die Bauern in den Alpen sind große Verehrer der heiligen Agatha. Sobald man das Vieh austreibt, bekommen die Kühe Agathabrote zum Fressen. Man sagt, dann seien sie wesentlich friedlicher und nicht so rauflustig und streitsüchtig. Ob es empfehlenswert wäre, auch besonders streitsüchtigen Mitmenschen Agathabrote zu schenken, bliebe zu überlegen. Auch wenn im Frühjahr die Feldarbeit begann und man die Ochsen einspannte, hat man die bevorstehende Arbeit unter den Segen Gottes gestellt. Dabei erhielten die Tiere ebenfalls Agathabrote.

Man kann sich vorstellen, dass Agathabrote in einer Zeit, in der viele Frauen an Brustkrebs erkranken, Agathabrote zu neuer Bedeutung kommen. Eine Heilige, die dem Feuer gebietet und es einzudämmen vermag, dürfte auch eine Helferin in diesem Leiden sein. Bislang beschränkt sich die Segnung der Agathabrote hauptsächlich auf Pfarreien, in denen die heilige Agatha von jeher verehrt wurde.

Ein Fest wie ein Leuchtturm
Das Fest Mariä Lichtmess

Im Mittelalter bereitete man sich vierzig Tage auf Weihnachten vor. Es war eine Zeit des Fastens und des Betens. Am Fest des heiligen Martin bogen sich noch einmal die Tische. Man aß und trank oft mehr, als einem guttat, doch dann gab es nur mehr Suppen, Kraut und Kartoffeln, Milch und Brot. Am Nikolaustag teilte der heilige Bischof Nüsse und Äpfel aus. Das war alles.

Inzwischen beschränkt sich die Vorbereitung auf das Fest der Geburt Christi auf den Advent. Vier Sonntage sind es bis Weihnachten. An Fasten denkt freilich niemand. Man wird auch nicht behaupten können, dass in diesen Wochen mehr als sonst gebetet wird. Kurz und gut, die Zeit der Vorbereitung hat sich verkürzt und sieht anders aus als vor ein paar hundert Jahren. Das Gleiche lässt sich von der Zeit nach Weihnachten sagen. Den vierzig Tagen der Vorbereitung auf Weihnachten entsprachen vierzig Tage der Nachfeier. Vierzig Tage, an denen sich die Familie um die Krippe versammelte, miteinander betete und Weihnachtslieder sang. Die Krippe hatte höheren Stellenwert als der Christbaum. Man blickte auf das Jesuskind, auf Maria und Josef, auf Ochs und Esel. Die Armut des Stalls von Betlehem versöhnte die Menschen mit der eigenen Armut. Die Not der Heiligen Familie ließ die eigene Not leichter ertragen. Der Engel über der Krippe hielt Großen und Kleinen das Spruchband entgegen: „Ehre sei Gott in der Höhe und Friede den Menschen auf Erden". Dabei war es oft leichter, Gott die Ehre zu geben, als den Frieden untereinander zu wahren.

Am Ende der vierzig Tage stand Mariä Lichtmess. Die Süßigkeiten, die Lebkuchen und Zimtsterne, Schokostangen und sonstige Herrlichkeiten waren verzehrt. Der Christbaum warf seine Nadeln ab und die Schachtel, in der die Krippenfiguren aufgehoben wurden, stand bereit. Freilich vor Lichtmess wäre niemand auf die Idee gekommen, die Weihnachtsherrlichkeiten verschwinden zu lassen. Das hat sich gründlich geändert. Sofort nach Dreikönig setzt der Faschingstrubel ein. Statt Christbaum und Krippe übernehmen Luftschlangen in allen möglichen Farben das Regiment in den Lokalen, den Wohnzimmern und Pfarrheimen. Man muss frühzeitig mit den Faschingsfeiern beginnen, denn sonst schafft man es nicht, bis Aschermittwoch alle Faschingsbälle und sämtliche feucht-fröhliche Karnevalsveranstaltungen unterzubringen. Die Weihnachtslieder haben jetzt nichts mehr zu suchen. Der Christbaum ist längst geplündert und entsorgt, das Kripplein in der Schachtel verschwunden. Muss da Mariä Lichtmess nicht wie ein Fremdkörper wirken? Es passt gar nicht in die Landschaft von Jubel, Trubel, Heiterkeit. Noch einmal wird die Botschaft von Weihnachten lebendig. Das Jesuskind steht im Mittelpunkt. Vom Licht ist die Rede, das die Heiden erleuchtet und dem Volk Israel zum Ruhm dient. Der greise Simeon findet recht mahnende Worte: „Dieser ist gesetzt zum Fall und zur Auferstehung vieler in Israel." An diesem Jesuskind scheiden sich die Geister. Maria wird gesagt, dass ihr Herz ein Schwert des Schmerzes durchbohren wird. Man könnte sagen, hier setzt bereits der Übergang zur Fastenzeit ein. Der Weg des Leidens beginnt.

Mariä Lichtmess, das einst ein Feiertag war und die Weihnachtszeit beendete, hat nicht mehr den Stellenwert wie in vergangenen Zeiten. Es war der Tag des Dienstbotenwechsels. Der Lohn wurde ausgezahlt und neue Vereinbarungen wurden getroffen. Es war der Tag der Kerzenweihe, an dem die Kerzen für das ganze Jahr geweiht wurden, die Kerzen für den Altar, die Kerzen, die man bei bestimmten Gottesdiensten anzündete, die Kerzen, die man im Haus brauchte – sie alle empfingen am Lichtmesstag den Segen. Niemand hätte ohne eine geweihte Kerze sein wollen.

Mariä Lichtmess, das Fest der Darstellung des Herrn, hat viel von seinem alten Glanz verloren und doch hat es etwas von einem Leuchtturm. Es gibt das Signal, dass Jesus das Licht der Welt ist und sich an ihm die Geister scheiden. Das ist die zeitlose Botschaft. Ob sie inmitten des Faschingstrubels gehört wird?

Die Predigt des Faschingskrapfens
Alles ist vergänglich

Alles hat seine Zeit und alles ist vergänglich. Zu Weihnachten gehören die Lebkuchen, zu Ostern die Ostereier und zum Fasching gehören die Faschingskrapfen. Während in der Fastenzeit dann Schmalhans Küchenmeister ist, gibt es in den Faschingstagen, die früher zur sogenannten „Vorfastenzeit" gehörten, Schmalzgebackenes. Die Faschingskrapfen werden wie die Küchle im schwimmenden Fett herausgebacken. Diese Köstlichkeiten lassen nicht nur Kinderherzen höher schlagen, wie der schwäbische Spruch „Lustig ist die Fasenacht, wenn die Mutter Küchle bacht" dokumentiert.

Manche behaupten, die Römer hätten die Krapfen erfunden, denn sie kannten bereits ein rundes Siedegebäck, dem sie den Namen „globulus"– Kügelchen gegeben haben. In den Klöstern des 12. Jahrhunderts machte ein Rezept die Runde, das für die letzten Tage vor dem Aschermittwoch empfohlen wurde. Es handelt sich um nichts anderes als um die Zubereitung des Faschingskrapfens, den man craplum nannte. Mit dem Aschermittwoch verschwand der Schmalzhafen aus der Küche, um erst wieder am Ostersonntag aus seiner Verbannung geholt zu werden. Die Mönche verstanden die Faschingskrapfen als Gleichnis des menschlichen Lebens. So wie der Krapfen sich im Fett dreht, bleibt nichts beim Alten. Was heute oben schwimmt, kann morgen schon in der Versenkung verschwinden. Die Mönche sahen Könige kommen und gehen. Sie sahen den Sturz der Mächtigen und den Aufstieg neuer Herren. Der Faschingskrapfen wurde für sie zur Predigt über die Worte des Magnificat: „Er stürzt die Mächtigen vom Thron und erhöht die Niedrigen." Arme Leute, die in diesen Tagen an der Klosterpforte anklopften, erhielten einen Krapfen. „Die Hungernden beschenkt er mit seinen Gaben und die Reichen lässt er leer ausgehen", sagt das Magnificat. Der Krapfen wird übrigens zweimal umgedreht, sodass auch der, der bei der letzten Revolution, der letzten Wahl nach oben gekommen ist, aus seiner Spitzenfunktion verschwindet und in Vergessenheit gerät. Der Faschingskrapfen macht, noch bevor er gegessen wird, deutlich, dass nichts so bleiben muss, wie es ist.

Diese Erfahrung musste auch Kaiser Napoleon machen. Nach einem Siegeszug ohnegleichen durch ganz Europa hat er die Landkarte gründlich verändert. Es gab keine Fürstbischöfe und Fürstbistümer mehr, keine Reichsäbte und Reichsabteien. Aus Herzögen und Kurfürsten waren Könige geworden, aus einfachen Soldaten Fürsten. Dann kam der Umschwung. Zuerst wurde der Kaiser nach Elba verbannt und schließlich kam er für immer auf die Insel St. Helena. In Wien aber tagte der „Wiener Kongress", um die Ordnung Europas neu festzulegen. Die Klöster blieben aufgehoben. Die Bischöfe bekamen ihre Territorien nicht mehr zurück, aber die Könige von Napoleons Gnaden wurden bestätigt und sie behielten ihre Länder. Auf dem Kongress wurde vieles beraten und viel getanzt. Eine Hofköchin namens Cäcilie Krapf hat zu einem Ball ihre Krapfen mit Früchten gefüllt. Der Faschingskrapfen wurde dadurch noch schmackhafter. Das neue Rezept machte schnell die Runde. In Wien nannte man sie „Cilli-Kugeln". Die Berliner freilich behaupten, ein Bäcker aus Berlin habe diese Idee schon mehr als ein halbes Jahrhundert früher gehabt, als ihn König Friedrich II. von Preußen, den manche den Großen nennen, zu den Soldaten holte. Der Kanonier habe wenig Lust gehabt, auf die feindlichen Österreicher mit Kugeln aus Blei zu schießen, er habe stattdessen Kugeln aus Teig geformt und gedörrte Zwetschgen aus seinem Proviant dazugegeben. Mangels Ofen legte er die Kugeln in siedendes Fett und fertig waren „die Berliner". Ob diese Kugeln abgeschossen wurden, ist nicht bekannt, aber es war wenigstens ein Versuch, „Schwerter in Pflugscharen" umzuwandeln, wie es vom Propheten Jesaja vorhergesagt wurde.

Im Fasching wird so vieles umgekehrt. Es ist wie mit dem Faschingskrapfen: Bürgermeister liefern ihre Schlüssel ab, Prinzenpaare regieren,

Hofmarschälle und Präsidenten führen das große Wort, doch am Aschermittwoch wendet sich das Blatt und die alte Ordnung wird wiederhergestellt. Die Faschingskrapfen sind gegessen und werden zum Gleichnis für die Vergänglichkeit alles Irdischen.

Würste am Aschermittwoch
Der Streik der Buchdrucker

Am Aschermittwoch 1522 ereignete sich in Zürich ein Skandal, der wie ein Lauffeuer durch die ganze Stadt ging und von dem man bald im ganzen Schweizerland redete. Der Buchdruckermeister Christoph Froschauer ließ zur Brotzeit nicht Brot und Käse auftischen oder einen Fisch, nein, bei ihm gab es Brot und geräucherten Schinken sowie Würste.

An Fasttagen war nur eine einmalige Sättigung erlaubt. Die Zwischenmahlzeiten entfielen. Eine Brotzeit aufzutischen, bedeutete den Bruch des Fastengebotes. Da der Aschermittwoch ein Fast- und Abstinenztag ist, darf an diesem Tag weder Fleisch noch Wurst aufgetischt werden. Über all das setzte sich Meister Froschauer hinweg mit der Entschuldigung, die Buchdrucker stünden unter Termindruck. Die Briefe des heiligen Paulus in deutscher Übersetzung mussten fertiggestellt werden. Der Termindruck war groß. Die Buchdrucker leisteten harte Arbeit. Das wurde auch von niemand bestritten. Meister Froschauer hätte nur zum zuständigen Pfarrer zu gehen brauchen, ihm die Situation schildern und Dispens vom Fastengebot erbitten. Sie wäre ohne Zweifel gewährt worden. Hinter dem Verhalten Froschauers steckte mehr. Er wollte sich bewusst über ein Kirchengebot hinwegsetzen.

In Deutschland hörte man inzwischen mehr auf Dr. Martin Luther als auf den Papst und die Bischöfe. Die Reformanliegen des Mönchs und Professors der Theologie aus Wittenberg mündeten in die Reformation mit ihren weitreichenden Auswirkungen. In Zürich war es der Pfarrer Huldrych Zwingli, der die Gedanken Luthers aufgriff. Der ehemalige Militärseelsorger und Leutpriester war Prediger am Großmünster in Zürich. Seine Predigten wurden geschätzt. Im Züricher Wurstskandal ergriff er die Partei Froschauers und seiner Gesellen. Er konnte nichts Verwerfliches bei dem Wurstessen am Aschermittwoch entdecken. Damals entstand seine erste Veröffentlichung, der später zahlreiche weitere Schriften folgen sollten. Der Titel seiner Verteidigungsschrift lautet: „Von Erkiesen und Freiheit der Speisen". Da steht zu lesen: „Die Speise ist an sich weder gut noch böse. Sie ist notwendig und deshalb eher gut zu nennen. Sie kann nie böse werden – außer man isst zu viel. Auch der Zeitpunkt, wann gegessen wird, kann die Speise nicht böse machen. Nur der Missbrauch durch die Menschen machts, wenn nämlich im Übermaß oder ohne Glauben gegessen wird. Faste jeder so viel, wie ihn dazu der Geist des rechten Glaubens anhält. Willst du gerne fasten, dann tue es! Willst du dabei auf Fleisch verzichten, dann iss auch kein Fleisch! Lass aber eines feststehen: Der Christ hat die freie Wahl zu fasten oder nicht zu fasten." Soweit Pfarrer Huldrych Zwingli.

Der Reformator wehrt sich gegen jegliche Reglementierung und tritt für die Freiheit des Christenmenschen in dieser Frage ein. Erstaunlicherweise verweist er auf kein Bibelwort, in dem Jesus für das Fasten eintritt. Mehr als einmal spricht Jesus vom Fasten und legt es seinen Jüngern eindringlich ans Herz. „Fastet und betet, damit ihr nicht in Versuchung fallt!" Er spricht auch davon, dass seine Jünger wie die Jünger Johannes' des Täufers fasten sollen, wenn er nicht mehr bei ihnen ist. Manches Böse in der Welt kann nur durch Fasten und Beten überwunden werden. Zwingli lässt der Schrift über das Fasten rasch nacheinander weitere Schriften folgen. Er fordert die Priesterehe, wendet sich gegen die Bilderverehrung, schreibt über Kindererziehung und warnt vor einem Krieg. Die heilige Messe wird abgeschafft, die Zahl der Feiertage eingeschränkt.

Der Bruch des Fastens anno 1522 löste eine Lawine aus. Es kam zum Krieg der Kantone. Huldrych Zwingli zog mit in diesen Krieg und fand in der Schlacht bei Kappel am 11. Oktober 1531 den Tod. Man kann es als eine Ironie der Geschichte ansehen, dass inzwischen die evangelische Kirche die Bedeutung des Fastens und der Fastenzeit, die mit dem Aschermittwoch beginnt, neu entdeckt hat und stark dafür wirbt, während die katholische Kirche nur noch zwei Fasttage kennt und das

Abstinenzgebot nahezu beseitigt hat. Dabei gibt es ein wachsendes Interesse am Heilfasten. Man erkennt wieder, dass Fasten zur Erneuerung von Leib und Seele beiträgt.

Und am Freitag Fisch
Die Kost der Armen

Immer wieder taucht die Frage auf: Warum sollen wir am Freitag auf Fleisch und Wurst verzichten, aber Fische darf man essen? Ist Fisch etwa nicht Fleisch? Schmeckt nicht eine Forelle köstlicher als ein Schnitzel? Ein erster Grund liegt darin, dass in Israel Fische ein Grundnahrungsmittel waren. Das gilt auch für viele Länder des Mittelmeerraumes. Fische sind billig. Fische kann sich jeder leisten. Fische kommen auf den Tisch der armen Leute. Fleisch konnten sich in vergangenen Zeiten nur die reichen Leute leisten. Die Armen aßen nur ganz selten Fleisch. Das war ein Festtagsessen. Wer am Freitag Fisch isst, solidarisiert sich mit den Armen dieser Welt.

Ein weiterer Grund, dass katholische Christen am Freitag Fische essen dürfen, aber auf Fleisch und Wurst verzichten sollen, liegt darin, dass Jesus bei der wunderbaren Brotvermehrung nicht nur fünf Brote gesegnet hat, sondern auch zwei Fische. Nach seiner Auferstehung erleben wir Jesus am See von Gennesaret. Dort isst er mit den Jüngern gebratenen Fisch. Fischer hat er allen anderen voran zu seinen Aposteln berufen und dem Fischer Simon, dem er den Beinamen Petrus gab, hat er schließlich seine Kirche anvertraut. Jesus fährt mit den Fischern auf den See. Er erlebt die Gefahren, denen sie ausgesetzt sind. Er erlebt die Enttäuschung, wenn sie umsonst die ganze Nacht gearbeitet haben. Er fühlt mit seinen Aposteln, mit ihren Ängsten, mit ihren Sorgen. Er lässt sie dies auch spüren und erfahren.

Es gibt noch einen Grund, warum man am Freitag Fische essen darf, aber auf Fleisch und Wurst verzichtet. Der Fisch gehört zu den frühesten Symbolen der Christenheit. In den Katakomben, den unterirdischen Grabanlagen in Rom, kann man auf Sarkophagen den Fisch entdecken. Der Fisch war für die Christen zum Glaubenssymbol geworden. In wenigen Buchstaben, einer Art Geheimcode, den nur Christen verstanden, drückten sie ihren Glauben aus. Ichthys – fünf griechische Buchstaben – ergaben das Wort Fisch. Christen wussten, was das bedeutet: Jesus Christus, Gottes Sohn, Erlöser. Christen glauben, dass Jesus der Messias, der Christus, ist. Die Juden warten immer noch auf die Ankunft des Messias, während für Christen der Messias in Jesus die Welt betreten hat. Jesus ist aber nicht nur der Messias, er ist Gottes eingeborener Sohn. Ihn hat Gott in die Welt gesandt, um die Botschaft von der Liebe Gottes zu verkünden. Die Liebe Gottes erreicht in der Hingabe Jesu am Kreuz ihren Höhepunkt. Hier vergießt er sein Blut für die Rettung der Menschen und für das Heil der Welt. Er wird zum Erlöser. Das ist christlicher Glaube, zusammengefasst in fünf Buchstaben, die das griechische Wort Ichthys ergeben: Jäsous Christos theou sotär, und da dieses Wort Fisch bedeutet, wurde der Fisch zum Christussymbol.

Weil der Freitag der Tag des Kreuzestodes Jesu ist, an dem wir dankbar an unsere Erlösung denken, war es naheliegend, an diesem Tag Fisch zu essen, denn es bedeutet nicht nur Solidarität mit den Armen, sondern auch Bekenntnis zum christlichen Glauben. Heute weiß man darüber hinaus, dass Fische im Ernährungshaushalt des Menschen wichtig sind. Es wird deshalb empfohlen, wenigstens einmal in der Woche Fische zu essen, da sie eine Reihe von Substanzen enthalten, die für die Gesundheit des Menschen von Bedeutung sind. Das Freitagsgebot der katholischen Kirche hat also nicht nur einen Grund, sondern viele Gründe, die erkennen lassen, dass es sinnvoll ist, am Freitag auf Fleisch und Wurst zu verzichten.

Das Wappentier der Fastenzeit
Schnecken als Fastenspeise

Während heute Weinbergschnecken zu den besonderen Leckerbissen in den Feinschmeckerlokalen zählen, galten sie früher als das Fleisch der armen Leute. Man wurde davon nicht satt, aber man hatte seiner Zunge und seinem Gaumen etwas Besonderes vermittelt. Die Kapuziner, die sich der Armutsregel des heiligen Franziskus in ihrer ganzen Strenge verpflichtet fühlen, hatten in ihrem Klostergarten immer eine Ecke, in der sie Schnecken züchteten, die dann in der Fastenzeit auf den Tisch kamen.

Es war auch ein Kapuziner, der die Schnecke als das „Wappentier der Fastenzeit" bezeichnete und eine Fastenpredigt hielt, in der er die Schnecke den Hörern als Vorbild für ihr Verhalten in der Fastenzeit hinstellte. Von der Schnecke kann man nämlich lernen, dass man mit Wenigem auskommen kann. Die Schnecke lebt von Grünzeug, von Gräsern und Salaten. Gerade die Fastenzeit sollte den Menschen veranlassen, sich einzuschränken und zu verzichten. Das heißt, nicht vierzig Tage nur von Salattellern leben, denn man ist ja keine Schnecke, aber doch bescheidener zu leben.

Kennzeichnend für die Schnecke ist ihr Haus. In dieses Haus zieht sie sich immer wieder zurück. Das wäre auch für den Menschen in der Fastenzeit von Bedeutung, dass er die Stille sucht und sich zurückzieht. Es muss das Radio nicht ständig laufen. Der Fernseher verträgt auch eine Pause. Der Computer kann heruntergefahren werden. Ganz für sich sein, ganz still werden, dann wird man wieder hellhöriger für andere Dinge, wird sogar den Anruf Gottes hören. Die Stille öffnet hin zu Gott, aber man erfährt auch sich selbst neu.

Würden Schnecken ihr Haus nicht verlassen, dann würden sie verenden. Auch der Mensch darf sich nicht einkapseln. Er braucht den Kontakt. Er braucht den Mitmenschen. Er muss sein Haus verlassen, sich auf einen anderen zubewegen. Die Schnecke macht dies mit gebotener Vorsicht. Sie streckt ihre Fühler aus, um zu erkennen, ob sie willkommen ist. Hat sie den Eindruck, dass hier Gefahr droht, zieht sie sich wieder in ihr Haus zurück. Die Fastenzeit soll uns das Gefühl für den Mitmenschen und seine Nöte neu erschließen. Es besteht natürlich die Gefahr, ausgenützt zu werden. Dies wird allerdings eher selten der Fall sein.

Schnecken übereilen nichts. Sie sind ein Muster an Geduld. Auch darin können sie uns Menschen ein Vorbild sein. Zwar sollten wir nicht im Schneckentempo mit dem Auto unterwegs sein, denn dann zwingen wir andere zu mehr oder weniger riskanten Überholmanövern, aber den Fuß nicht ständig auf dem Gaspedal zu haben, wäre schon einen Fastenvorsatz wert. Geduld haben sollten wir mit uns und mit anderen. Das würde den Blutdruck senken und unsere Beherrschung steigern. Bekanntlich kommt man langsam auch zum Ziel. Schnecken sind berühmt für ihre Langsamkeit, aber auch für ihre Zielstrebigkeit, gerade Letzteres sollten wir von ihnen lernen. Wenn unser Ziel der Himmmel ist, dann gilt es, dieses Ziel ganz fest im Auge zu behalten, auch wenn es noch so viele Abstürze und Umwege kostet.

Noch vieles mehr könnte man von den Schnecken lernen, eines jedenfalls gewiss: dass alles seine Zeit braucht, so auch die Verwirklichung von guten Vorsätzen. Aber anfangen sollte man.

Von Suppe kann man leben
Bettler und Könige ließen sich die Suppe schmecken

Wenn von Fastenspeisen die Rede ist, gehört immer die Suppe dazu. Wenn auch Fleisch und Wurst vom Speisezettel gestrichen wurden, auf die Suppe wurde nicht verzichtet. Freilich Suppe ist nicht gleich Suppe. Da gibt es die einfache „Wasserschnalze", auf der kein einziges Fettauge schwimmt und die höchstens durch ein wenig Brot schmackhafter gemacht wird, da gibt es aber auch die „schwäbische Hochzeitssuppe" mit Brät- und Leberknödeln, die alles andere als eine Fastenspeise ist. Wer diese Festtagssuppe gegessen hat, der könnte auf weitere Speisen verzichten, so kräftig und nahrhaft ist eine solche Suppe.

Für einen Napf Suppe sind deutsche Kriegsgefangene in Russland und nicht nur dort stundenlang angestanden. Die Graupensuppe oder was es sonst gab, bedeutete wenigstens etwas Warmes im Magen. Es half den Hunger lindern, unter dem die meisten Kriegsgefangenen zu leiden hatten. Vinzenz von Paul hat im 17. Jahrhundert in Paris Armenküchen gegründet. Hier konnten arme Leute täglich eine warme Mahlzeit, eine Suppe, erhalten. Dies half ihnen zu überleben. Ein Teller Suppe und ein Stück Brot wurde als Köstlichkeit empfunden. An den Klosterpforte, so nicht nur beim Bruder Konrad in Altötting oder der heiligen Kreszentia in Kaufbeuren, haben die Bettler von jeher eine warme Mahlzeit erhalten und dazu gehörte immer die Suppe.

Wer ausgehungert ist, weiß einen Teller Suppe zu schätzen. Wer ausgefroren ist, den wärmt eine heiße Suppe wieder auf. Als Esau müde und abgekämpft von der Jagd heimkam, war er völlig erschöpft. Den ganzen Tag war er durch Wald und Flur gestreift, aber nichts konnte er erlegen. Ausgehungert und ausgefroren kam er heim. Als er die wohlige Wärme des Hauses betrat, duftete es von der Küche her nach Linsensuppe, seiner Leibspeise. Bruder Jakob hatte einen ganzen Topf voll gekocht.

Die Niedergeschlagenheit Esaus war bei diesem Duft und Anblick wie weggeblasen. Sofort wollte er sich ans Essen machen, aber der Bruder hatte nicht die Absicht zu teilen. Jakob schlug einen Handel vor: „Gibst du mir das Erstgeburtsrecht, bekommst du die ganze Suppe." Sie waren Zwillinge und Jakob nur wenig später zur Welt gekommen. Jetzt sah er eine Chance, die Vorrechte des Erstgeborenen billig einzuhandeln. Esau dachte nur an die Linsensuppe und seinen Hunger: „Du kannst das Erstgeburtsrecht haben", sagte er zu seinem Bruder. Es war ein schlechter Handel. Esau hat die Folgen nicht bedacht. Die Suppe wurde ihm zum Verhängnis. Der Bruder rückte an die erste Stelle. Es ist ein Musterbeispiel dafür, dass man aus Kurzsichtigkeit viel aufs Spiel setzen kann. Für nicht wenige spielt die Ewigkeit, der Himmel, eine ähnliche Rolle wie das Erstgeburtsrecht. Sie handeln sich alles Mögliche ein, was sie für Glück halten, und stehen am Ende mit leeren Händen da.

Die Suppe gibt es nachweislich seit 7000 Jahren. Sie gehört zu den Grundnahrungsmitteln. Von der Blutsuppe der Spartaner wird gesagt, dass sie den Kampfgeist der Spartaner gestärkt habe. Der Arzt Galenus (+ 199) verordnete den Kranken Suppen zur Kräftigung. Ein anderer Arzt, Eugen van Vaerst (+ 1855), verordnete Suppen: „nach Erkältungen, bei nervösem Magen oder Kopfweh". Bei König Ludwig XIV. von Frankreich (+ 1715) begann jedes Mittagessen mit einer Suppe. Darauf legte der König Wert. Ein französisches Kochbuch dieser Zeit widmet von 380 Kochrezepten ein Drittel den verschiedenartigen Suppen. Die Suppe gehörte nicht nur am königlichen Hof von Frankreich zur Hauptmahlzeit, sondern landauf landab. Die Suppe wurde erst in jüngster Zeit als „Dickmacher" verschrien und manche Leute verzichten auf die Suppe, um ihr Gewicht zu reduzieren. Hier wird am falschen Platz gespart. Man sollte die wirklichen Dickmacher meiden, aber auf die Suppe zu verzichten, ist ein Fehler, das gibt uns die Geschichte vom Suppenkaspar im „Struwwelpeter" zu verstehen. Da heißt es von dem Buben, der sich weigerte, seine Suppe zu essen, sehr drastisch: „Am vierten Tage endlich

gar der Kaspar wie ein Fädchen war. Er wog vielleicht ein halbes Lot –
und war am fünften Tage tot." Das ist nicht im Sinn der Fastenzeit. Mit
Suppe wird man die Fastenzeit, sofern man sie ernst nimmt, überleben.

Dem Papst schmeckte die Schokolade nicht
Das war einmal: Schokolade als Fastenspeise

Die Bischöfe von Mexiko waren sich nicht einig, ob man das von den Indios hergestellte Getränk namens Xocoatl, ein braunes bitteres Getränk, das aus Kakaobohnen gemacht wurde, auch in der Fastenzeit trinken dürfe. Da es eher bitter sei und auch keinen Alkohol enthalte, plädierte die Mehrheit der Bischöfe dafür, das Getränk als Fastenspeise zu erlauben. Man entschied sich schließlich dafür, einen Dominikaner, Fra Girolamo di San Vincenzo, nach Rom zu schicken, um den Streitfall dem Heiligen Stuhl vorzulegen.

Mehrere Kardinäle wurden damit befasst. Sie waren allesamt von dem indianischen Gebräu nicht besonders begeistert. Sie kamen übereinstimmend zu dem Urteil, der Papst selbst solle darüber befinden. Papst Pius V. probierte das Getränk, verzog das Gesicht und entschied: „Potus iste non frangit jejunium" – „Dieses Getränk bricht das Fasten nicht". Damit gehört Schokolade seit 1569 zu den erlaubten Fastenspeisen. Freilich hatte das Schokoladengetränk des 16. Jahrhunderts so wenig mit unserer heutigen Schokolade zu tun wie das Bier jener Zeit mit dem heutigen Starkbier zur Fastenzeit. Was Ende des 18. Jahrhunderts Bruder Barnabas von den Paulaner-Mönchen in München gelungen ist, aus einem bitteren Bußtrank ein süffiges Starkbier zu brauen, das gelang den Klosterfrauen in Mexiko mit dem Schokoladengetränk sehr viel früher. Sie kochten eine Mischung aus gerösteten Kakaobohnen, Vanilleschoten und Rohrzucker zusammen.

Der flüssige Brei schmeckte den Schwestern so gut, dass sie ihn beim Chorgebet sogar zur Stärkung in die Kirche mitnahmen. Dies wurde dem zuständigen Bischof hinterbracht, der daraufhin die Oberin um eine Stellungnahme bat. Sie teilte dem Oberhirten mit, dass der von ihnen hergestellte Schokoladenbrei sehr hilfreich bei Magenbeschwerden und auch sonstigen Schwächen sei. Es komme viel seltener vor, dass es einer Schwester beim Chorgebet schlecht werde, außerdem würden viel weniger Schwestern beim Chorgebet fehlen, als dies früher der Fall war. Außerdem stelle sie bei ihren Mitschwestern und sich selbst eine größere Andacht fest. Dies musste auch den Bischof überzeugen, zumal sich die Schwestern auf die Entscheidung von Papst Pius V. berufen konnten. Hätte der Bischof den ominösen Schokoladenbrei jedoch versucht, dann hätte ein Verbot für das süße Naschwerk wohl nicht lange auf sich warten lassen.

Das Rezept der Schwestern, wie man aus einem bitteren Getränk einen wohlschmeckenden Brei macht, ging von Kloster zu Kloster und es dauerte nicht lange, bis ein Kloster in Guatemala die Idee hatte, den Brei zu festigen, und damit war die Tafelschokolade erfunden. Sie trat ihren Siegeszug an und löste im 17. Jahrhundert erneut einen Streit unter den Theologen aus. Während die Jesuiten keine Probleme mit dem Essen von Schokolade und dem Trinken von Kakao hatten, sahen die Dominikaner hier einige Gefahren lauern. Es wurden ganze Bücher dafür und dagegen geschrieben, bis schließlich Kardinal Brancaccio den Streit zugunsten der Jesuiten und damit zugunsten der Schokolade entschied.

Auch die Schokolade ist ein Geschenk Gottes, an dem man sich freuen darf. Ein wenig hatten freilich auch die Dominikaner Recht, denn wer allzu gerne nascht und allzu viel Schokolade isst, der muss es eines Tages büßen. Es ist deshalb sehr empfehlenswert, wenn man in der Fastenzeit nicht zur Schokolade greift. Die Fastenzeit ist schließlich eine Bußzeit, in der man sich einschränken sollte, und dazu gehört der Verzicht auf Dinge, die nicht lebensnotwendig sind. Schokolade darf man ganz sicher zu den nicht lebensnotwendigen Dingen zählen. Manche sprechen von einer „süßen Versuchung". Wer sich allerdings auf Papst Pius V. beruft, der sollte dann auch zu dem Bittertrank greifen, den es damals gab. Ähnliches ließe sich jedoch auch vom Bier sagen.

Das Bier und die Fastenzeit
Als das Bier noch ein Bußgetränk war

Die orthodoxe Kirche kennt einen allmählichen Übergang zur Fastenzeit. Zuerst wird angekündigt, dass es ab kommende Woche kein Fleisch mehr gibt, dann verschwinden bis Ostern Butter, Käse und Eier vom Speisezettel. Die katholische Kirche kennt diese Einstimmung auf die Fastenzeit nicht mehr, aber das Fasten wurde bis ins 15. Jahrhundert wie in der Ostkirche gehalten.

Eine erste Lockerung erfolgte 1491. Wenige Jahre später erteilte Papst Julius III. 1552 allen Gläubigen die Erlaubnis, Butter, Käse, Öl, Eier, Käse und Milch in der Fastenzeit zu essen. Der Einfluss der Reformation mag bei dieser Erleichterung eine Rolle gespielt haben. Einige Jahrzehnte früher war der heilige Franz von Paula in dieser Frage ganz anderer Meinung. Er wollte keine Erleichterung des Fastens, sondern eine Verschärfung. Er wollte das strenge Fasten auf das ganze Jahr ausdehnen. Der Franziskanerorden, dem er angehörte, sollte in dieser Weise reformiert werden. So wurden die Paulaner ein weiterer Zweig innerhalb der franziskanischen Bewegung.

Diesen Orden rief Kurfürst Maximilian 1627 nach München. Er hatte gerade eine große Enttäuschung hinter sich, denn Mönche des ostkirchlichen Ritus, denen er in der Au eine Kirche zur Verfügung gestellt hatte, riefen mit ihrem lockeren Lebenswandel bei den Gläubigen Empörung hervor. Sie mussten München verlassen. Von den Paulanern hörte er nur Gutes. Ihre Anspruchslosigkeit war ebenso bekannt wie ihr seelsorglicher Eifer.

Für die aus Italien stammenden Ordensleute tat sich eine neue Welt auf. Im ersten Jahr ihres Aufenthaltes in Bayern wären sie fast erfroren. Sie begannen zu verstehen, warum ihre Vorgänger, die Basilianermönche, sich lieber in den Wirtshäusern als im Kloster aufgehalten haben.

Die kärgliche Ernährung der Paulaner trug nicht gerade dazu bei, den Körper zu erwärmen. Da machten sie eine Entdeckung. Der Kurfürst hatte ihnen die Erlaubnis gegeben, Bier zum Hausgebrauch zu brauen. Einer der Brüder ließ sich von einem Wirt in die Geheimnisse der Braukunst einweihen. Bislang vermissten sie den ihnen von zu Hause her gewohnten Wein, nun stellten sie fest, dass ein Schluck Bier auch wohltuende Wirkung für den Körper haben kann.

Alljährlich zum Fest ihres Ordensvaters Franz von Paula am 2. April luden sie den Kurfürst in die Au ein. Im Anschluss an den Gottesdienst wurde dem Landesvater ein Krug vom selber gebrauten Bier vorgesetzt. Dies geschah mit den Worten: „Salve pater patriae. Bibas, princeps optime." – „Sei gegrüßt, Vater des Vaterlandes! Trink, bester Fürst!"

Den Paulanern war es, wie allen anderen Klöstern, nicht erlaubt, Bier auszuschenken und über die Straße zu verkaufen. So ganz genau hielten sich die Ordensleute an dieses Verbot nicht. Die kurfürstliche Regierung hat wohl ein paar Augen zugedrückt. Ärger gab es allerdings, als man das Bier einen Pfennig billiger hergab als die Wirte und gar noch besser einschenkte. Als 1714 das Brauhaus abbrannte, bauten die Paulaner eine neue große und gut eingerichtete Brauerei. Jetzt konnten sie nicht mehr behaupten, sie würden nur für den Hausgebrauch und ein paar Wohltäter brauen. Kurfürst Karl Theodor machte den fortdauernden Anzeigen ein Ende, indem er 1780 dem Koster einen unbeschränkten Bierausschank erlaubte.

Da das Fest des Ordensvaters manchmal sehr ungünstig in die Karwoche fiel und man nicht gerade am Karfreitag dem Kurfürsten das neugebraute Starkbier kredenzen konnte, suchte man nach einem früheren Zeitpunkt. So kam es zum Termin um den Josefstag. Der Doppelbock, der wie Öl die Kehle hinunterfloss, soll die ersten Jahre äußerst bitter geschmeckt haben und dadurch in den Ruf eines echten Fastenbieres gelangt sein. Man nannte es „Heilig Vater Öl" und schließlich „Salvator".

Die Paulaner hielten sich nach wie vor streng an ihre Ordensregeln, die ihnen weder Fleisch noch Butter erlaubten, sondern nur Öl, Kräuter, Teig und Fische. Vom Bier war in der Ordensregel nicht die Rede. Südländer hielten es für ein ausgesprochenes Bußgetränk und fanden daran nichts zu beanstanden. Auf diese Weise wurde das Bier zum Fastengetränk, denn für die Paulaner war das ganze Jahr Fastenzeit.

Im Klostersturm der Säkularisation ging auch das Kloster der Paulaner unter. Ihre Brauerei aber hat sich erhalten. Der letzte Braumeister, der legendäre Bruder Barnabas, der dem Doppelbock seinen bitteren Geschmack zu nehmen wusste, ersteht jedes Jahr neu, um auf dem Nockherberg mitten in der Fastenzeit dem Landesvater den Krug mit dem neugebrauten Bier zu kredenzen, nachdem er der festlichen Versammlung zuvor eine kräftige Fastenpredigt gehalten hat.

Luther und das Bier
Nicht jedes Bier schmeckte ihm

Die Klöster haben von jeher Bier gebraut. Man benötigte es zum Eigenbedarf, aber es war auch eine Einnahmequelle, deshalb verfügten nicht nur Männerklöster über eine eigene Brauerei, sondern auch Frauenklöster. Bis in die jüngste Zeit gab es bei den Ursberger Schwestern der St. Josefs Kongregation eine Braumeisterin, die für das Ursberger Klosterbier zuständig war. Als Martin Luther 1525 vom Sächsischen Kurfürsten zu seiner Hochzeit mit der ehemaligen Klosterfrau Katharina von Bora das Klostergebäude der Augustinereremiten in Wittenberg als Wohnung geschenkt erhielt, war mit dem ehemaligen Klostergebäude auch das Braurecht verbunden. Katharina von Bora hatte im Kloster nicht nur Latein gelernt, sondern wusste auch Bescheid, wie man ein gutes Bier braut.

Martin Luther schätzte die Braukunst seiner Frau. Mehr als einmal betonte er: „Wer kein Bier hat, hat nichts zu trinken." Das Bier war zu dieser Zeit ohne Zweifel gesünder als das Wasser aus dem Brunnen, denn das Bier war ein keimfreies Getränk. So viel Bier wie im Hause Luther getrunken wurde, konnte Katharina von Bora beim besten Willen nicht brauen, deshalb musste von anderen Brauereien Bier gekauft werden. Man weiß, dass im Haushalt Luthers jährlich 300 Gulden für Fleisch, 200 Gulden für Bier und 50 Gulden für Brot ausgegeben wurden. Das Bier im Hause Luthers war ein Dünnbier, das etwa halb so stark war wie das normale Bier. Dieses Bier konnte auch von Kindern getrunken werden.

Der Haushalt Luthers war sehr groß. Neben den sechs eigenen Kindern, die hier aufwuchsen, lebte noch Professor Philipp Melanchthon als Dauergast im Haus, außerdem vermietete man die ehemaligen Klosterzellen an Studenten der Universität Wittenberg, die einen großen Zulauf dank Luther hatte. Man rechnet damit, dass sich täglich mit Knechten und Mägden etwa 40 Personen zu den Mahlzeiten, die Martin Luther präsidierte, um den Tisch versammelten. Natürlich gab es auch einen Weinkeller, denn Wein wurde für die Feier des Gottesdienstes benötigt. Da den Gläubigen auch der Kelch beim Abendmahl gereicht wurde, bestand ein größerer Bedarf an Wein.

Aber selbst bei Festen wurde bei Luthers kein Wein aufgetischt, sondern da gab es Einbecker Bier aus dem Herzogtum Braunschweig. Das Einbecker Bier war ein hochprozentiges Starkbier. Dieses Bier begleitete Luther zum Wormser Reichstag und nach Leipzig, als er mit Johannes Eck diskutierte. Luther war ein Bierkenner. Das Bier, das er mancherorts zu trinken bekam, erhielt schlechte Noten, wie man in seinen Briefen, die er nach Hause schrieb, lesen kann. So schrieb er 1534 aus Dessau: „Gestern musst ich daran denken, dass ich ein sehr gutes Bier daheim habe und dazu eine schöne Frau (oder sollte ich sagen Herren). Und du tätest wohl, dass du mir den ganzen Keller meines Weins herüberschicktest und eine Flasche deines Biers."

Freilich bei allem Lob des Biers durch Martin Luther vergaß er nicht zu warnen: „Bier macht den Menschen toll und töricht, sodass sie sich hauen, stechen und ermorden. Aber das ist nicht Schuld des Bieres, wenn du ein Bierschlauch und Trunkenbold bist." Daran hat sich bis heute nichts geändert.

Abnehmen wollen alle
Die Waage als Begleiterin durch die Fastenzeit

Mit dem Aschermittwoch beginnt die Fastenzeit. Viele wollen die Wochen der Vorbereitung auf Ostern nützen, um ein paar Pfunde, die man seit der Advents- und Weihnachtszeit, zuletzt noch in der Faschingszeit zugelegt hat, wieder loszuwerden. Ihr Vorbild ist Johannes der Täufer, der von sich sagte: „Ich muss abnehmen", aber er fügte hinzu: „Er aber, nämlich Jesus, muss zunehmen." Christlich verstandene Fastenzeit ist also mehr als nur eine Abmagerungskur, sie will den Menschen erneuern und den Blick auf Gott richten.

Während sämtliche Zeitungen, Zeitschriften und sonstigen Ratgeber uns seit Oktober mit kalorienreichen Rezepten verlockt haben, stehen nun Diätkuren auf ihrem Programm, die allesamt das Traumgewicht verheißen. Ich muss abnehmen, das ist der allgemeine Wille, eine Stimmung, die alle mitreißt. Obsttage wechseln mit Gemüsetagen. Fleisch und Wurst werden nur mit schlechtem Gewissen aufgetischt. Der Karneval bekommt wieder seine ursprüngliche Bedeutung. Abschied vom Fleisch, so hat es das Mittelalter verstanden. Karneval heißt zu deutsch doch nichts anderes als: „Fleisch, lebe wohl!" Johannes der Täufer, der hagere Bußprediger vom Jordan, mit seinem abwechslungsreichen Speisezettel von Heuschrecken und wildem Honig, wollte keine Zeit mit Kochen und Spülen, mit langen Mahlzeiten vergeuden. Er wollte ganz für Gott da sein. Er wollte beten. Die Gottvergessenheit seiner Mitmenschen trieb ihn dazu, dass er zu predigen anfing. Sein Thema war freilich nicht das Übergewicht, sondern die Sünde. Ihm ging es nicht um das Abnehmen von überflüssigen Pfunden, ihm ging es um das Loswerden von Schuld. Aus diesem Grund hat er die Dinge beim Namen genannt. Seine Worte waren nicht besonders diplomatisch. Er legte sie nicht auf die Goldwaage. Er wollte aufrütteln. Er wollte die Menschen zur Besinnung bringen, damit sie ihr Leben änderten. Nicht Fastenkuren verändern das Leben, sondern die Radikalkur einer Lebensbeichte. Das machte Johannes der Täufer deutlich.

Für viele ist in der Fastenzeit nichts wichtiger als die Waage. Jeden Morgen, jeden Abend wird das Gewicht kontrolliert. Ein Glücksgefühl stellt sich ein, wenn die Waage ein Pfund weniger anzeigt, und Niederge-schlagenheit breitet sich aus, wenn das Gewicht eher nach oben gegangen ist. Manche kontollieren nicht nur ständig ihr Gewicht, sie achten auch beim Essen auf jedes Gramm und wieder benötigen sie die Waage, um den Diätplan genau einhalten zu können. Johannes der Täufer kannte noch keine digitale Waage und er hätte sie auch nicht benötigt, denn für ihn waren seine Schönheit und sein Gewicht völlig nebensächlich. Für ihn spielte eine andere Waage eine Rolle, die heute viele gar nicht mehr kennen. Es ist die Seelenwaage. Die Seelenwaage registriert alles Gute, das ein Mensch tut, aber ebenso alles Böse. Am Ende des Lebens werden die guten und die bösen Taten gegeneinander abgewogen. Je nachdem was überwiegt, wird das Dasein in der Ewigkeit bestimmen. Sollte man nicht in der Fastenzeit die Seelenwaage wieder aus der Rumpelkammer holen, in die sie verbannt worden ist? So wie man sich am Morgen auf die Waa-ge stellt, um sein Gewicht zu kontrollieren, sollte man seine Seele am Morgen auf die Seelenwaage legen und die guten Vorsätze erneuern, die man für diese Fastenzeit gemacht hat. Abends geschieht dann das Glei-che. Die Digitalwaage zeigt das Gewicht an, während die Seelenwaage Rückschau auf den Tag hält. Nicht immer wird das Gute überwiegen, aber alles Gute zählt. Leider Gottes auch das, was Versagen und Schuld anlangt. Manche bringen beide Waagen durcheinander. Sie sprechen von Sünde, wenn sie ein Stück Kuchen essen, statt dankbar dafür zu sein, dass es ihnen schmeckt. Sie sprechen aber nicht von Sünde, wenn sie andere Leute schlechtmachen. Wenn die Seelenwaage nicht mehr funktioniert, bedarf sie ebenso der Reparatur wie eine Digitalwaage, die kein Gewicht mehr anzeigt. Für die Seelenwaage gibt es nur eine Reparaturwerkstatt, das ist die persönliche Beichte. Nicht umsonst gehört in die Fastenzeit die Osterbeichte. Wie sagt Johannes der Täufer: „Ich muss abnehmen, er aber zunehmen." Vieles sollte abnehmen, aber zunehmen sollte die Liebe zu Gott und zum Mitmenschen.

Magere Zeiten
Zum Aschermittwoch

Mit dem Aschermittwoch verwandeln sich die Prinzen und Prinzessinnen wieder in ganz normale Mitmenschen. Aus angriffslustigen Cowboys und kämpferischen Indianern werden friedliche Buben. Aus keifenden Hexen und kreischenden Gespenstern werden brav dreinschauende Mädchen. Hat das Zauberwort „Fasching" eine Märchenwelt entstehen lassen, so bringt der Aschermittwoch die völlig Entzauberung.

Seltsamerweise hat der Aschermittwoch, genauer gesagt die Fastenzeit, sogar dem närrischen Treiben den Namen gegeben. Der Karneval macht darauf aufmerksam, dass bald Schmalhans Küchenmeister sein wird. „Leb wohl, Fleisch!", so könnte man das aus dem Lateinischen kommende „Carneval" übersetzen. Heute spürt man den harten Einschnitt nicht mehr, der früher mit dem Aschermittwoch einsetzte: kein Schmalz, keine Eier, kein Fleisch – wahrhaft magere Zeiten!

In der orthodoxen Kirche, bei den Griechen und Russen, wird der Übergang zur vierzigtätigen Fastenzeit schrittweise vollzogen. Mit dem Sonntag Sexagesima – sechzig Tage vor Ostern – wird das Fleisch aus dem Speiseplan gestrichen. Die darauffolgende Woche nennt man die „Butterwoche", in der man sich noch einmal an Buttergebäck satt essen kann. Der Sonntag Quinguagesima – fünfzig Tage vor Ostern – trägt im russischen Volksmund den Namen „Käsefastensonntag", denn nun verschwinden vom Speisezettel Butter und Käse sowie alle Milchspeisen. Auch Eier und Eierspeisen kommen nicht mehr auf den Tisch. Die Ostkirche hält sich sehr streng an diese Fastenordnung, während die römisch-katholische Kirche von jeher großzügiger verfuhr. Dies war auch einer der Streitpunkte, die im Jahre 1054 zur Trennung zwischen Rom und Konstantinopel führten. Seit der Liturgiereform des Zweiten Vatikanischen Konzils (1962–1965) gibt es in der katholischen Kirche keine „Vorfastenzeit" mehr und die Sonntage Septuagesima, Sexagesima, Quinquagesima wurden ersatzlos aus dem Kalender gestrichen. Sie zählen heute zu den „Sonntagen im Jahreskreis" und haben als Farbe grün. Die Vorfastenzeit mit ihren violetten Gewändern hatte zwar eine lange Tradition, aber ihre Bedeutung war längst verloren gegangen. Ihre Streichung war deshalb sinnvoll, denn damit soll die eigentliche österliche Bußzeit, die heiligen vierzig Tage, an Gewicht gewinnen. In der evangelischen Kirche werden diese Bezeichnungen weiter im liturgischen Kalender aufgeführt und damit bleiben wenigstens diese Namen erhalten, die dann auch wieder eine Brücke zur Ostkirche schlagen können, die an der altkirchlichen Fastenpraxis unentwegt festhält.

Nicht nur der Name Karneval, den die Rheinländer den närrischen Tagen gegeben haben und der vermutlich aus den Klöstern stammt, hat im Aschermittwoch und der damit beginnenden Fastenzeit seinen Bezugspunkt, sondern auch die Fastnacht. Die Volkskundler haben zwar herausgefunden, dass die Fastnacht nichts mit dem Fasten zu tun haben kann, denn das Wort „faseln", dummes Zeug daherrreden, sei hier Pate gestanden, aber das Volksempfinden denkt hier ein wenig anders. „Lustig ist die Fasenacht, wenn mei' Mutter Küchle backt, wenn sie aber keine backt, dann ist es keine Fasenacht." Mit dem Spruch wird die Freude darüber ausgedrückt, dass es Schmalzbackenes gibt, auf das man vom Aschermittwoch bis Ostern, wenn man die Fastenzeit ernst nimmt, verzichten muss. Natürlich ist die Fastnacht von jeher die Zeit gewesen, in der man, sei es in der Bütt oder von anderer Stelle aus, Mitmenschen, vor allem der Obrigkeit, ungeschoren die Meinung auf deftig-humorvolle Weise sagen konnte, während die Fastenzeit der Stille und dem Schweigen den Vorzug gab.

Manches gehört der Vergangenheit an und harrt der Wiederentdeckung. So gewann das Fasten in den letzten Jahren zunehmend an Bedeutung. Mit dem Schönheitsfasten ging es an und heute ist Heilfasten gefragt. Für die Gesundheit kann man auch verzichten. Der erhöhte

Cholesterinspiegel und der drohende Herzinfarkt bestimmen den Speisezettel. Gesundheitliche Risikofaktoren sind Fastenprediger, auf die man zu hören bereit ist. Wer denkt noch daran, dass das Fasten einst die Reichen an die Not der armen Leute erinnern und sie zur Hilfsbereitschaft anregen sollte? Fasten und Almosen gehörten von jeher zusammen. Nicht fehlen darf das Beten, mahnen die Kirchenväter.

Das Fasten hat einen neuen Stellenwert erlangt. Ob man dies vom Almosengeben und Beten auch sagen kann? Das wird man schlecht beurteilen können, denn Jesus ist der Meinung, man soll es nicht an die große Glocke hängen, wenn man einem anderen etwas Gutes tut. Ähnlich ist es mit dem Beten. Man kann keinem hinter seine vier Wände schauen, noch viel weniger in sein Herz. So gesehen bedeutet die Fastenzeit nicht so sehr Abschied, und sei es auch nur vom Fleisch, als vielmehr Aufbruch hin auf das Fest der Auferstehung, Ostern.

Eine besondere Fastenpredigt
Die Fastenbreze

Die Fastenzeit wurde von unseren Vorfahren sehr ernst genommen. Bei den armen Leuten bot der Speisezettel ganzjährig wenig Abwechslung: magere Suppen, Milch und Brot, Kartoffeln und Kraut. In der Fastenzeit begnügten sich auch die Reichen mit der Arme-Leute-Kost. Man empfand das nicht als Abmagerungskur, sondern als ein Arm-Werden mit Jesus. Im Armen, im Notleidenden sah man Jesus, dem man helfen wollte. Zur Fastenzeit gehörte deshalb immer das Almosen.

So eintönig der Speisezettel war und so sehr man Ostern herbeisehnte, es gab doch auch Lichtblicke. Einen solchen Lichtblick stellte die Fastenbreze dar. Es wird erzählt, dass der Bäcker Frieder von Urach der Erfinder der Breze gewesen sei. Herzog Eberhard von Württemberg habe ihn wegen eines Vergehens zum Tode verurteilt. Frieder könne aber das Leben geschenkt bekommen, wenn er ein Brot backe, durch das dreimal die Sonne scheine. Not lehrt beten, Not macht aber auch erfinderisch. Am dritten Tag formte Frieder aus dem Teig eine Schlinge. Die Breze war geboren. Der Herzog konnte die Sonne dreimal durch das Gebäck durchscheinen sehen und Frieder hatte seinen Kopf gerettet.

Die Volkskundler haben die Breze allerdings bereits im 5. Jahrhundert als Illustration einer Handschrift entdeckt. Durch die Mönche sei es zu dieser Bereicherung des Speisezettels gekommen. Aus St. Gallen, dem berühmten Benediktinerkloster, ist ein Tischsegen überliefert, in dem die Breze erwähnt wird. Den Armen, die an die Klosterpforte klopften, wurde neben einem Teller Suppe in der Fastenzeit immer auch eine Breze gegeben.

Die Mönche betrachteten die Breze nicht nur als willkommene Abwechslung der kargen Fastenmahlzeiten und als Gabe für die Bettler an der Klosterpforte, sondern auch als einen Hinweis auf den leidenden

Heiland. Wenn sie die Breze zur Hand nahmen, dann erinnerten sie sich an die Gefangennahme Jesu am Ölberg. Gebunden wird Jesus weggeführt. Gebunden bringt man ihn zum Hohepriester Kajaphas. Gebunden führt man ihn vor Pontius Pilatus. Gebunden steht er vor dem Volk. Sieht die Breze nicht tatsächlich wie eine Fessel aus? Die Salzkörner, mit denen die Breze, die nicht in Lauge getaucht wird, bestreut ist, wurden als die Tränen verstanden, die Jesus über Jerusalem und alle Sünder vergossen hat.

Jede Fastenbreze wurde so zu einer Fastenpredigt: Denk an Jesu Leiden! Für dich hat er gelitten. Denk an Jesu Tränen! Für dich ist er den Kreuzweg gegangen. Denk an Jesu Tod! Für dich ist er am Kreuz gestorben. Jede Fastenbreze wurde auf diese Weise zur Einladung, die Sünde zu meiden und in der österlichen Beichte sein Herz wieder ganz Gott zuzuwenden. Die Fastenbreze mahnte gleicherweise zum Teilen. Auch die Armen sollen nicht leer ausgehen. Im Armen begegnet man Jesus. Die Fastenbreze galt als Almosen für Bedürftige.

Seit Brezen das ganze Jahr erhältlich sind, haben die Fastenbrezen aufgehört zu predigen. Wer versteht auch noch die Sprache der Symbole? Fastenbrezen, Brezen ohne Lauge, gab es nur in der Fastenzeit vom Aschermittwoch bis zum Gründonnerstag, wie es natürlich auch Faschingskrapfen nur während der närrischen Tage zu essen gab. Alles hatte eben seine Zeit. Und alles hatte seine Bedeutung. Niemand wäre auf die Idee gekommen, nach Weihnachten Ostereier anzubieten oder Lebkuchen im September. Nicht nur die Fastenbrezen haben aufgehört zu predigen, auch vieles andere beginnt zu verstummen, weil man die Sprache der Symbole nicht mehr versteht und damit die christlichen Wurzeln der Bräuche vergisst.

Manche Volkskundler sind der Meinung, das eucharistische Brot sei im frühem Mittelalter zeitweise in Brezenform verwendet worden. Man wollte damit den leidenden und gekreuzigten Heiland bildlich darstellen. Die Fastenbreze wäre dann zu verstehen als ein Hinweis auf den

Empfang der heiligen Kommunion, zu dem der Christ zur österlichen Zeit verpflichtet ist. Da und dort gibt es noch oder wieder Bäcker, die in der Fastenzeit Fastenbrezen anbieten und damit eine besondere Fastenpredigt unter die Leute bringen. Es handelt sich um eine durchaus schmackhafte Fastenpredigt.

Jesus – das wahre Osterlamm
Zum Osterlamm gehört die Auferstehungsfahne

Wenn am Ostersonntag die Osterkörbchen zur Speisenweihe beim Gottesdienst gebracht werden, dann zählt neben den Ostereiern das gebackene Osterlamm mit der Osterfahne zur Grundausstattung. Darüber hinaus können noch ein Stück Schinken, Salz und Kranzbrot ins Körbchen gelegt werden. Nach der langen Fastenzeit, in der auf vieles verzichtet wurde, gehört zur Osterfreude auch ein reich gedeckter Tisch. Dabei wird darauf geachtet, dass jeder in der Familie ein Stückchen vom geweihten Osterlamm erhält.

Das Osterlamm erinnert an den Auszug aus Ägypten

Das Lamm an Ostern hat eine lange Tradition. Als das jüdische Volk endlich aus Ägypten ausziehen durfte, ging die Pascha-Nacht voraus. In dieser Nacht hatten die Israeliten auf Anweisung des Mose ein Lamm geschlachtet, das Blut des Lammes an die Pfosten des Hauses gestrichen, ungesäuertes Brot gegessen, Wein getrunken und gegürtet auf das Signal zum Aufbruch gewartet. Die schlimmste der zehn Plagen suchte aber in der Pascha-Nacht die Ägypter heim. Der Engel des Todes ging durch Ägypten und tötete alle Erstgeborenen, nur an den Häusern, an denen das Blut des Lammes zu sehen war, ging der Todesengel vorüber. In dieser Nacht ließ der Pharao die Israeliten ziehen. Nach 400 Jahren Knechtschaft machte sich Mose mit dem Volk Israel auf den Weg in die Freiheit.

Jesus ist das wahre Osterlamm

Das Pascha-Fest ist alljährlich für die Juden bis zum heutigen Tag der Tag der Erinnerung an die Rettung aus Ägypten. Es hat seinen festen Ablauf. Auch Jesus und seine Apostel haben das Paschamahl gefeiert. Das letzte Abendmahl hatte die Form des Paschamahles, bei dem ungesäuertes Brot und Wein verwendet wurden. Jesus selbst aber wird zum Lamm, das zur Schlachbank geführt wird und mit seinem Blut die Sünden der Welt tilgt. Der Prophet Jesaja hat auf den kommenden Gottesknecht hingewiesen, der wie ein Lamm zur Schlachtbank geführt wird. Johannes der Täufer hat auf Jesus hingewiesen, als dieser zum Jordan kam: „Seht das Lamm Gottes, das hinwegnimmt die Sünden der Welt." Der Evangelist Johannes weist daraufhin, dass Jesus zu dem Zeitpunkt gekreuzigt wurde, als im Tempel die Paschalämmer geschlachtet wurden. In der Offenbarung des Johannes spielt das Lamm Gottes als Bild für den erhöhten Christus eine ganz große Rolle. Dieses Lamm sieht aus „wie geschlachtet" und es allein kann das Buch mit den sieben Siegeln lösen. Am Ende ist es das sieghafte Lamm, das zusammen mit Gott die Mitte des himmlischen Jerusalems bildet.

Das Osterlamm mit der Siegesfahne

Jesus wird so als das reine und unschuldige Lamm angesehen, das für die Sünden der Menschen den Opfertod erlitten hat. Jesus als das geopferte Lamm hat den Sieg über die Sünde und den Tod errungen, deshalb wird das Lamm mit der Siegesfahne dargestellt Neben dem Fisch, der zum Geheimzeichen des Glaubens an Jesus Christus, den Sohn Gottes, wurde, hat man auf Gräbern in den Katakomben, diesen unterirdischen Grabanlagen in Rom, schon sehr früh das Lamm verwendet. In einer Synode des 7. Jahrhunderts, die von Rom allerdings nicht anerkannt wurde, hat der byzantinische Kaiser Justinian II. 691 festlegen lassen, dass man in Zukunft auf die Darstellung des Lammes verzichten solle, da es sich hier um ein Symbol für Christus handle. Man möge deshalb nur mehr Christusbilder verwenden, denn schließlich sei Jesus zu seinen Lebzeiten nicht als Lamm zu sehen gewesen, sondern als wirklicher Mensch. Der Beschluss der Trullanischen Synode hat sich freilich auch im Osten nicht durchsetzen können, weil die Lamm-Symbolik biblischen Ursprungs ist und auch in die Liturgie Eingang gefunden hat. Sooft das Gloria beim

Gottesdienst gebetet wird, ist die Rede von Jesus als dem Lamm Gottes. Unmittelbar vor dem Empfang der heiligen Kommunion hat das Agnus Dei, das Lamm Gottes, seinen Platz. Hier wird nochmals daran erinnert, dass Jesus, das Lamm Gottes, die Sünde der Welt hinwegnimmt.

Das gebackene Lamm im Osterkörbchen schlägt damit die Brücke hin zum Pascha-Fest der Juden, an das auch in den Lesungen der Osternacht erinnert wird, hin auch zum Letzten Abendmahl und zum Kreuzestod Jesu. Das Lamm, das geschlachtet wurde, hat aber den Tod besiegt. Jesus ist auferstanden. Deshalb gehört zum Osterlamm immer die Auferstehungsfahne. Das wahre Osterlamm ist uns vorausgegangen in Gottes Herrlichkeit, zu der alle berufen sind, die an Christus glauben.

Das „Agnus Dei" lässt die Osterfreude fortdauern

Ein besonderer Brauch entwickelte sich in Rom. Aus den Resten der Osterkerze wurden im frühen Mittelalter runde „Agnus Dei"-Medaillons geformt, auf denen das Lamm Gottes zu sehen ist. Solche „Agnus Dei"-Medaillons wurden von den Päpsten als Auszeichnungen verschenkt. Dadurch sollte die Verbindung mit dem Papst als Nachfolger des heiligen Petrus gefestigt werden. In der Barockzeit war die Nachfrage so groß, dass verschiedene Klöster das Privileg erhielten, solche „Agnus Dei"-Medaillons herzustellen, die dann als kunstvolle Klosterarbeiten Aufstellung in den Kirchen fanden, um so die Osterfreude fortdauern zu lassen.

Auf dem Weg nach Emmaus
Der Osterspaziergang

Der Ostermontag wird auch „Emmaustag" genannt. In der Kirche wird beim Gottesdienst das Evangelium von den beiden Jüngern verlesen, die sich todtraurig auf dem Weg nach Emmaus befinden. Zu den beiden Wanderern gesellt sich ein dritter. Er nimmt an dem Gespräch teil, das um die Frage nach dem Messias kreist.

Begegnung mit dem Auferstandenen

Der Mitwanderer macht den beiden klar, dass der Messias leiden und sterben musste. Die Propheten hatten alles bereits vorhergesehen und vorhergesagt. Ihre Trauer und ihre Trostlosigkeit nimmt ab. Ihr Verstehen aber wächst. Sie laden den Begleiter ein, bei ihnen zu bleiben, da der Abend naht. Sie essen zu Abend und beim Brotbrechen erkennen sie: „Es ist der Herr." Der auferstandene Heiland ist mit ihnen gegangen. Er hat ihnen alles erklärt und das Brot mit ihnen gebrochen. Noch in der Nacht eilen sie den weiten Weg zurück, um den Aposteln ihr Erlebnis mitzuteilen. Sie können aus eigener Erfahrung berichten: Jesus lebt. Jesus ist vom Tod auferstanden.

Die Ereignisse im Leben Jesu haben ihren bildlichen Ausdruck gefunden und sie wurden nachgespielt. Die Leidensgeschichte, beginnend mit dem Palmsonntag, ließ das ganze Geschehen der Karwoche lebendig werden. Zum Palmsonntag gehören Palmesel und Palmzweige. Zum Gründonnerstag gehören Fußwaschung und Osterkommunion. Mit Jesus geht man zum Ölberg in den nächtlichen Betstunden. Die Klappern und Rätschen, das Verstummen der Glocken lassen die Trauer bewusst werden, von der die Jünger Jesu erfasst worden sind. Im Kreuzweg und in der Passion gehen die Gläubigen mit Jesus hinauf nach Golgotha. Der Karfreitag wird auf diese Weise miterlebt. Ostern mit seinem jubelnden

Alleluja, der Osterkerze und dem Osterlamm, den Ostereiern und den Osterspeisen verkündet die Auferstehung Jesu. Liturgie und Brauchtum sind aufs Engste verwoben. Manches hat sich im Lauf der Zeit gewandelt. Passionsspiele, die im 18. Jahrhundert landauf landab stattfanden, sind selten geworden. Osterspiele mit dem Wettlauf der beiden Apostel Johannes und Petrus sind seit dem Verbot von 1789 durch die Bischöfe nicht mehr aufgelebt. Der Emmausgang dagegen hat da und dort eine Wiederbelebung erfahren, allerdings als Osterausflug ganzer Pfarreien. Zu diesem Emmausgang gehört natürlich immer auch die Einkehr.

Der Gang nach Emmaus im Brauchtum

Der Volkskundler Joseph Schlicht schildert in seinem 1885 erschienenen Buch „Bayerisch Land und Bayerisch Volk" den Emmausgang zur damaligen Zeit: „Nach dem Mittagstisch geht die ganze Familie zur Feldweih." Mit Palmkreuzlein und Osterwasser, mit Eierschalen von den geweihten Ostereiern und Holz vom Osterfeuer zog man von Feld zu Feld und betete um das Gedeihen der Saat. Überall wurde etwas Geweihtes hinterlassen. Anschließend kehrte der Bauer mit Familie und Gesinde im Gasthaus ein. Alle wurden freigehalten, deshalb fehlte keine Magd und kein Knecht beim Emmausgang. Am Emmaustag machten sich auch die Paten auf den Weg zu ihren Patenkindern. Jedes erhielt 15 rot gefärbte Eier und einen Eierfladen. In diesem Brauch wird die enge Beziehung zwischen dem Osterfest und dem Tauftag lebendig. Ostern war immer ein Tauftag. An Ostern wird bis heute das Taufversprechen erneuert.

Joseph Schlicht erzählt: „Die leichte Ware geht am Nachmittag andere Wege. Der flotte bayerische Bursch führt sein Bräutchen Emmaus, das will sagen: in ein benachbartes Wirtshaus, in welchem er ihm Bier, Wein, Met und Würsteln zahlt. Die Frau Wirtin hat am Emmaustag ein besonders anmutiges volkstümliches Geschäft: Sie beschenkt nämlich heute ihre treuen Gäste mit roten Eiern. Der Stammgast erhält drei rote

Eier; der sich öfter sehen lässt, eines: Der Bursch, welcher sich nur am Emmaustag einfindet, erwischt keines."

Der Volkskundler weiß auch zu berichten, dass Ostereier nur „unpaar" beschert werden dürfen, also in ungeraden Zahlen, deshalb bekommen die Patenkinder 15 Eier. Eine Jungfer, die einem Verehrer sechs Eier schenkt, gibt ihm zu bedeuten, dass er sich keine Hoffnungen zu machen braucht. Erhält er dagegen 21 verschieden gefärbte Eier, dazu noch ein Sacktuch, dann darf man bald mit einer Hochzeit rechnen. Man muss hinzufügen: So war es vor mehr als 100 Jahren. Der Emmaustag hatte damals einen hohen Stellenwert im Brauchtum. Davon ist heute nur noch ein Osterspaziergang übrig geblieben und selbst dazu können sich nicht mehr alle aufraffen. Damit hätten jene wieder einmal Recht, die behaupten, Feiertage hätten ihre Bedeutung verloren. Man könne sie getrost abschaffen. Allein schon dieser Gedanke wäre Grund genug , sich am Ostermontag auf den Weg nach Emmaus zu machen.

Das gehört mir
Teilen fällt nicht nur Kindern schwer

Ein kleiner Bub, der mit sechs Geschwistern aufwuchs, wurde von seiner Mutter bei der großen Wäsche, als sie über ihn mit einem Topf heißen Wassers stürzte, verbrüht. Um ihn zu trösten, leerte sie alle Süßigkeiten, die sie für die Kinder zum Nikolaus besorgt hatte, in sein Bettchen. Mit staunenden Augen sah er auf die Köstlichkeiten, denn Süßigkeiten waren in der Kriegszeit eine Seltenheit, und er schaute die Mutter fragend an: „Alles meins?" „Ja, alles deins." Daraufhin meinte der Kleine treuherzig: „Mama, wann verbrühst du mich wieder?"

Zum Geburtstag und zum Namenstag gab es in dieser Famillie immer einen Kuchen für das Festtagskind. Die Mutter sagte jedesmal: „Den Kuchen habe ich für dich gebacken." Der Kleine meinte: „Der ist doch nicht für mich, den essen doch alle." Er hätte den Kuchen ganz gerne alleine aufgegessen, deshalb konnte er es kaum fassen, dass nun alle Süßigkeiten ganz allein ihm gehören sollten. Da war jeder Schmerz vergessen und Tränen der Freude rannen über sein Gesichtchen. Einmal in seinem Leben nicht teilen zu müssen, war für ihn das höchste Glück. Die Freude des Kindes half auch der Mutter über ihren Schock hinweg.

Kinder können schon sehr früh Ich denken, Ich sagen und Ich handeln. Das begleitet den Menschen ein Leben lang. Ein Spielzeug, das tagelang unbeachtet in der Ecke lag, wird sofort zum Lieblingsspielzeug, wenn ein anderes Kind damit spielen will. „Meins" heißt es dann, und sollte es der Spielkamerad nicht hergeben wollen, gibt es Tränen und Geschrei. Kinder, die mit Geschwistern aufwachsen, lernen schon früh, dass man vieles nicht für sich allein haben kann, dass man teilen muss. Aber auch sie kämpfen für ihr kleines Ich. Wenn der Bruder neue Schuhe bekommt, möchte man auch welche haben. Wenn die Schwester ein neues Kleid bekommt, dann erinnert man daran, dass man auch wieder einmal ein neues Kleidungsstück gebrauchen könnte. „Mein Zimmer", das wird zu einem kleinen Königreich, in das niemand hineinregieren darf, höchstens wenn es ans Aufräumen geht. Wie schwer fiel es nach dem Zweiten Weltkrieg vielen Leuten, die Heimatvertriebenen in ihr Haus aufzunehmen. „Mein Haus" will ich nicht mit anderen teilen. Ohne Zwangsraumbewirtschaftung wären die Leute wohl vielfach auf der Straße geblieben. Dort jedoch, wo man Mitgefühl und Hilfsbereitschaft zeigte, wuchsen Freundschaften für ein ganzes Leben.

Wir begreifen nur schwer, dass alles in dieser Welt uns nur geliehen ist und damit auf Zeit gegeben wird. „Mein" Kind wird eines Tages ausziehen und eine Familie gründen. „Meine" Firma, für die ich mich aufgerieben habe, geht überraschend in andere Hände und der Arbeitsplatz gerät in Gefahr. Teilen ist schwer, Abschied nehmen ist noch schwerer. Kinder müssen das Teilen lernen, damit sie nicht als Egoisten durch die Welt gehen. Egoisten mag keiner. Es sind Leute, die darüber klagen: Niemand denkt an mich. Sie jedoch denken nur an sich. Hilfsbereitschaft ist für sie ein Fremdwort. Sie sollten sich von Jesus in die Schule nehmen lassen. Er sagt: Was du einem anderen Gutes tust, das tust du mir. Du wirst sehen, es macht dich glücklicher und zufriedener. Geteilte Freude ist bekanntlich doppelte Freude und geteiltes Leid ist halbes Leid. Der Egoismus zerstört jede Freundschaft, er führt zum Ende jeder Partnerschaft. Wer vom Ich nicht zum Du findet, ist unfähig für wahre Liebe. Wer alles nur für sich haben will, ist das kleine Kind geblieben, das immer nur meint: Alles gehört mir. „Alles meins".

Das Brot gehört zum Leben

Der Mensch kann auf vieles verzichten, aber Brot ist lebenswichtig. Kuchen und Torten gehören zu einem Fest, würde man sie täglich vorgesetzt bekommen, hätte man sich rasch abgegessen. Von Kuchen kann man nicht leben. Wenn man die Kriegsgefangenen bestrafen wollte, erhielten sie drei Tage nichts als Schokolade. Dies war fast nicht zu ertragen. Für ein Stück Brot hätten sie nahezu alles getan. Die Bitte des „Vaterunsers", „unser tägliches Brot gib uns heute", wurde und wird nie inniger gebetet als in den Straflagern dieser Welt.

Brot wächst nicht wie Bananen an Stauden. Brot kann man nicht ernten wie Äpfel oder Birnen. Brot muss einen weiten Weg zurücklegen, bis es auf den Tisch kommt. Der Bauer sät den Samen. Der Samen fällt in die Erde und stirbt. Sein Sterben wird fruchtbar, denn nun wächst der Halm und bildet sich die Ähre. Das sterbende Korn bringt viele Körner hervor. Nach der Ernte werden die Körner aus dem Halm herausgeschlagen. Früher geschah dies mit Dreschflegeln, heute machen es Maschinen. Nun kann das Getreide zur Mühle gebracht werden und wieder muss es einen schmerzhaften Prozess über sich ergehen lassen, wenn es Mehl werden soll. Zerrieben zwischen den Mühlsteinen, erhält es die Gestalt, die man braucht, um Brot backen zu können.

Jesus hat mit gutem Grund das Brot für seine fortdauernde Gegenwart gewählt. Er ist das Weizenkorn, das durch seinen Tod der Menschheit das Leben erwirbt. Er ist das Weizenkorn, das geschlagen und zermalmt wird, um zur Speise für die Vielen zu werden.

In der wunderbaren Brotvermehrung sehen wir ein Zeichen der Macht Jesu, die er bei seiner Rede in der Synagoge von Kapharnaum den Hörern zu erschließen versucht. „Das Brot, das ich euch geben werde, ist mein Fleisch für das Leben der Welt." Er erinnert an das Manna in der Wüste, das dem Volk Israel Speise auf seinem langen Weg war. Freilich als Jesus von der Notwendigkeit spricht, sein Fleisch zu essen und sein Blut zu trinken, verlassen ihn fast alle. Sie können es nicht fassen. Zurückbleiben die Apostel. Sie können es so wenig verstehen wie alle anderen, aber sie glauben.

Die Apostel dürfen deshalb beim Letzten Abendmahl dabei sein. Sie erleben, wie Jesus das Brot nimmt, das ungesäuerte Brot des Paschamahles, es dankend bricht und es ihnen mit den Worten reicht: „Nehmet hin und esset. Das ist mein Leib, der für euch hingegeben wird."

Bleiben wir beim Brot, das zum Leib des Herrn wird. Es ist Pascha, Vorübergang des Herrn. Jesus geht in den Tod. Er gibt sein Leben am Kreuz hin, um uns das ewige Leben zu erwerben. Sein Vermächtnis ist das Brot des Lebens, der Leib Christi. In den Tagen zwischen Ostern und seiner Himmelfahrt bricht er immer wider das Brot mit ihnen, damit die Apostel nicht aufhören, dies zu seinem Gedächtnis zu tun. „Am Brotbrechen" erkennen ihn die Emmausjünger: „Es ist der Herr."

Die Jünger kamen Sonntag für Sonntag zusammen, um das Brot zu brechen, um die Eucharistie zu feiern. Wie das auserwählte Volk wollten sie das Brot des Lebens empfangen. Wie der Prophet Elija wollten sie gestärkt durch dieses heilige Brot, den Leib Christi, sich auf den Weg machen, um einmal ganz bei Gott zu sein. „Hostia" – Opfergabe – nannten sie schließlich das ungesäuerte Brot, das sie als „Frucht der Erde und der menschlichen Arbeit" vor Gottes Angesicht brachten, „damit es uns das Brot des Lebens werde". Man bevorzugte die runde Form für die Hostie als ein sprechendes Zeichen für Christus, „die Sonne der Gerechtigkeit", als ein Bild für die Vollkommenheit des Gottessohnes. Die weiße Gestalt der Hostie sollte die Sündenlosigkeit Jesu zum Ausdruck bringen.

Wenn bei der heiligen Wandlung die heilige Hostie, der Leib Christi, vom Priester erhoben wird, dann hatte dies seit dem frühen Mittelalter die doppelte Bedeutung der Hingabe Jesu an den himmlischen Vater und der Hinwendung zu den Gläubigen. Die Erhebung der heiligen Hostie nur als „Zeigen" zu verstehen, würde dem heiligen Geschehen nicht ganz gerecht werden. Bei der Erhebung der heiligen Hostie setzt der Teilnehmer an der heiligen Messe ein Zeichen des Glaubens und der Anbetung, sowohl durch die knieende Verehrung wie durch ein kurzes Stoßgebet, etwa: „Jesus, ich glaube an dich. Jesus, ich hoffe auf dich. Jesus, ich liebe dich." Oder man könnte auch beten: „Jesus, ich opfere dich und mich." Das Glockenzeichen bei der heiligen Wandlung lädt alle Gläubigen ein, sich mit dem Opfer Christi zu vereinigen und Jesus im Sakrament anzubeten.

„Nehmet hin und esset alle davon!", lädt Jesus ein. In der heiligen Kommunion geschieht das. Wobei es zu bedenken gilt, dass das Herz für den Empfang der heiligen Kommunion bereitet sein muss, denn das Wort des heiligen Paulus hat nichts von seiner Gültigkeit verloren: „Wer unwürdig den Leib des Herrn isst ..., der isst sich das Gericht."

Ein Zeichen des Friedens und der Freundschaft
Brot und Salz aus der Hand ehemaliger Feinde

Dr. Theo Waigel, langjähriger CSU-Vorsitzender und Bundesminister der Finanzen, zählt folgende Begebenheit zu den bewegendsten seiner politischen Laufbahn: Zusammen mit dem Bundeskanzler Dr. Helmut Kohl und dem sowjetischen Generalsekretär Michael Gorbatschow waren sie mit dem Hubschrauber in Russland unterwegs. Wichtige Verhandlungen standen an. Der Hubschrauber musste eine Zwischenlandung einlegen. In der Nähe arbeiteten Leute bei der Maisernte. Als sie sahen, wer gelandet war, kamen sie und brachten Brot und Salz. Michael Gorbatschow bekam einen Laib Brot und ein Schüsselchen Salz, auch Helmut Kohl bekam einen Laib Brot und ein Schüsselchen Salz. Michael Gorbatschow brach das Brot auseinander, bestreute es mit Salz und gab es Helmut Kohl und seiner Begleitung. Helmut Kohl nahm nun seinen Laib Brot, zeichnete ein Kreuz darauf und sagte: „So hat es meine Mutter immer gehalten." Dann brach auch er den Laib auseinander, streute Salz darauf und teilte aus.

Mitten in Russland auf einem Feld ereignete sich gleichsam ein Wunder. Die führenden Repräsentanten zweier Völker, die sich in zwei Weltkriegen unendlich viel Leid zugefügt hatten und und die nach 1945 als Sieger und Besiegte die Geschichte des Kalten Krieges geschrieben haben, tauschen hier mehr als Verträge aus. Es sind Zeichen des Vertrauens und der Treue. Brot und Salz spielten in der Geschichte des Abendlandes immer eine herausragende Rolle. So dürfen sie bei der Speisenweihe an Ostern nie fehlen. Brot braucht man zum Leben. Nicht umsonst lehrt Jesus seine Jünger zu beten: „Unser tägliches Brot gib uns heute!" Selbst den Gefangenen wurde das Brot nicht vorenthalten. Helmut Kohl hat in diesem bewegenden Augenblick gewiss nicht an die Tausenden von deutschen Kriegsgefangenen gedacht, die sich in den Lagern der Sowjetunion nach einem Stückchen Brot sehnten und von denen viele vor Hunger gestorben sind. Und Boris Jelzin hat ebensowenig an die vielen Russen gedacht, die von der SS und der Wehrmacht gnadenlos niedergemacht wurden, weil man im Führerhauptquartier die Parole ausgegeben hatte: „Wir machen keine Gefangenen."

Das Brot, das in dieser Stunde geteilt wurde, stand für einen Neubeginn. Es stand für geschenktes Vertrauen. Helmut Kohl erinnerte sich an ein Wort Konrad Adenauers, das er jungen Politikern der CDU mit auf den Weg gegeben hat: „Wir müssen Vertrauen schaffen. Deutschland hat in der Welt so viel Vertrauen verloren, es muss neu errungen werden. Wir müssen verlässliche Partner sein." Brot braucht man zum Leben und zum Überleben. Auch das Salz mit seinen Mineralien ist lebenswichtig. Salz gibt dem Brot Geschmack. Jesus fordert seine Jünger sogar auf, Salz zu sein: „Ihr seid das Salz der Erde." Allerdings fügt er hinzu: „Wenn das Salz seinen Geschmack verliert, taugt es zu nichts mehr. Es wird weggeworfen und von den Menschen zertreten." Das Salz schützt vor Fäulnis und Verwesung, es ist damit ein Sinnbild für Beständigkeit, ja für Ewigkeit. Als die Römer Karthago zerstört hatten, streuten sie Salz auf die rauchenden Trümmer. Nie mehr sollte diese Stadt zum Leben erstehen und den Römern gefährlich werden. Gleiches taten sie nach der Zerstörung Jerusalems. Man hätte es verstehen können, wenn mit Berlin ein Gleiches durch die Alliierten geschehen wäre. Es ist, als würde man einen Fluch auf eine Stadt legen. Wenn aber Brot und Salz gereicht werden, dann drückt dies Segen aus, dem man dem Empfänger wünscht. Es wurde sogar als Zeichen der Unterwerfung verstanden. Man vertraut sich dem anderen gewissermaßen auf Gedeih und Verderb an. Das Salz soll der Freundschaft Dauer verleihen. Sie soll durch nichts und niemanden mehr beschädigt werden können.

Brot und Salz von russischen Menschen, die unter dem Zweiten

Weltkrieg gelitten haben und ein halbes Jahrhundert ständig von den deutschen Kriegstreibern in Bonn zu hören bekamen, muss man als ein Wunder begreifen. Dr. Theo Waigel hat Recht, wenn er sagt: Dies sei für ihn einer der bewegendsten Augenblicke seines Lebens gewesen.

Salz für den Sakristeischrank
Ein verloren gegangenes Zeichen

Alljährlich werden am Fest der Epiphanie Salz, Wasser, Weihrauch und Kreide geweiht. Das Weihwasser brauchen wir, um an die Taufe erinnert zu werden und Gottes Segen auf uns herabzurufen. Der Weihrauch erhöht den Glanz festlicher Gottesdienste und erfüllt mit seinem Duft das Gotteshaus. Die Kreide wird benötigt, um an unsere Türen das Bekenntnis zu Christus zu schreiben: CMB – „Christus segne dieses Haus." „Christus mansionem benedicat." Zu was aber benötigen wir Salz?

Im Benediktionale heißt es: „Bei der Weihe des Wassers kann Salz genommen werden." So wird es am Dreikönigstag sicher zu dieser Mischung kommen. Man erinnert in der Deutung an die heilende Wirkung des Salzes, wie sie beim Propheten Elischa geschehen ist (2 Kön 2,19–22). Aber dann verschwindet das geweihte Salz im Sakristeischrank und wird kurz vor Dreikönig „entsorgt", um dem neugeweihten Salz Platz zu machen. Das Salz hat seine Kraft verloren. Es ist bedeutungslos geworden.

Das Salz fehlte auch nicht in den Körbchen, die am Fest der Erscheinung des Herrn oder am Vortag zur Weihe gebracht wurden. Das geweihte Salz mischte man dem Vieh ins Futter, damit erbat man sich Gottes Segen. Das geweihte Salz durfte jedoch auch in der Küche nicht fehlen. Es ist wie eine ferne Erinnerung an Jesu Wort: „Ihr seid das Salz der Erde" (Mt 5,13). Der Jünger Jesu soll mithelfen, diese Erde zum Guten hin zu verändern. Wenn nicht alles trügt, ist das Verständnis dafür inzwischen verloren gegangen. Das einst so kostbare Salz, um das Kriege geführt wurden, für das Menschen ins Gefängnis wanderten, ist zur Selbstverständlichkeit, zur Nebensächlichkeit geworden. Die Liturgie folgt also nur dem gewandelten Bewusstsein.

Das Alte Testament spricht von einem „Salzbund" zwischen Gott und Israel. Jedes Opfer musste gesalzen werden. Es ist ein Zeichen unverbrüchlicher Treue. An den Bund mit Gott erinnert der Brauch im Judentum, das neugeborene Kind mit Salz abzureiben. Beim abendlichen

Mahl, wenn der Sabbat beginnt, schneidet der Hausvater ein Stück vom Weißbrot ab und bestreut es mit Salz.

Jahrhundertelang wurden bei der Spendung der Taufe dem Täufling einige Salzkörner auf die Zunge gelegt: „Empfange das Salz der Weisheit!", sprach der Priester dabei. Waren es gesundheitliche Gründe oder ästhetische Gesichtspunkte, die das Salz aus dem Taufritus entfernten? Oder gab es theologische Gründe? „Das Salz der Weisheit" fehlt nun. Seit jeher bestand die Überzeugung, dass die Dämonen das Salz fürchten. Davon waren Griechen, Römer und Germanen überzeugt. Das Salz hat in der Liturgie ausgedient. Das Salz der Weisheit wird nicht mehr gebraucht. Was ist aber von dem Wort Jesu zu halten: „Habt Salz in euch und Frieden untereinander!"(Mk 9,49)? Es ist gewiss nur bildlich zu verstehen und kann deshalb ohne Schwierigkeiten vernachlässigt werden. Das Salz im Sakristeischrank kann ruhig schal werden. Niemand will mehr gesalzen werden. Warum soll man dann überhaupt noch Salz weihen?

Da gab es einst in der Kirche den Brauch, denen, die noch nicht zur heiligen Kommunion gehen durften, etwas Salz auf die Zunge zu streuen. Es sollte wohl ihre Sehnsucht nach dem Empfang der Eucharistie lindern oder ihren Hunger noch erhöhen. Da gibt es in Russland und anderwärts die Sitte, Gästen Brot und Salz zu reichen als Zeichen der Freundschaft. Wir sind in der Kirche ständig auf der Suche nach neuen Symbolen und aussageträchtigen Bildern. Das Salz hätte einiges zu bieten. Vielleicht sollte man sich tatsächlich einmal Gedanken machen, ob man in der Kommunionvorbereitung das „Salz der Weisheit" spendet. Vielleicht könnte man zu bestimmten Tagen Brot und Salz als Zeichen der Treue Gottes austeilen und als Ermutigung, von Neuem Salz der Erde zu sein; Salz, das die Welt zum Guten hin verändert; Salz, das einen neuen Geschmack verleiht; Salz, das konserviert und heilende Kräfte ausströmt. Salz ist bekanntlich lebenswichtig.

Ich bin so frei
Erinnerung an eine Redewendung

Höflichkeit kennt bestimmte Gesten und Redewendungen. Sie sind jedoch auch einem Wandel unterworfen. Der Handkuss wird höchstens noch in Adelskreisen und der Diplomatie gepflegt. Das Ziehen des Hutes haben die Männer inzwischen auch aufgegeben. Worte wie „Habe die Ehre" und „Beehren Sie uns wieder" sind aus der Umgangssprache verschwunden. Alles ist sachlicher geworden und deshalb auch knapper. Zu den verschwundenen Redewendungen gehört auch: „Ich bin so frei."

Diese Redewendung war vor Jahren üblich, wenn man in einem fremden Haus einen Stuhl angeboten bekam. „Nehmen Sie doch bitte Platz!" „Ich bin so frei", wurde dann geantwortet. Oder es hieß: „Greifen Sie doch noch einmal zu. Ich hoffe, Ihnen schmeckt der Kuchen!" Mit einem verschämten Augenaufschlag und der Bemerkung „Dann bin ich halt so frei" griff man dann zu einem weiteren Stück Kuchen.

Man fragt sich natürlich, wie kommt es zu einer solchen Redewendung. Im Mittelalter sprach man davon: „Stadtluft macht frei", weil die Hörigen, die von adeligen Landbesitzern Abhängigen, wenn sie in die Stadt abwanderten, eine größere Freiheit erhielten, als sie es zuvor besaßen. Freiheit wurde der große Traum. Der Bauernkrieg war ein Kampf um größere Freiheit. Er wurde von den Adeligen blutig niedergeschlagen. Die Französische Revolution war eine große Freiheitsbewegung. Man kämpfte für Freiheit, Gleichheit und Brüderlichkeit. Im Zuge dieser Bewegung kam es zur Bauernbefreiung. Tausende sind nach Amerika ausgewandert in das Land der großen Freiheit. Die Freiheitsstatue von New York kann als das Symbol dafür verstanden werden. Die Freiheit hat jedoch auch ihren Preis. Während die einen zu Wohlstand kamen, verarmten die anderen völlig.

Freiheit ist ein hohes Gut und niemand weiß es mehr zu schätzen als derjenige, der in Unfreiheit leben musste. Jahrzehntelang hat das kommunistische Regime die Länder des Ostblocks in Unfreiheit gehalten, bis endlich 1989 Mauer und Stacheldraht fielen. Heute sind diese Länder frei. Aber selbst in Zeiten der Unfreiheit hatten sich diese Menschen vielfach eine innere Freiheit bewahrt. Friedrich Schiller hat darauf hingewiesen, dass im Grunde jeder Mensch frei ist: „Der Mensch ist frei geschaffen, ist frei, und würd' er in Ketten geboren." Der Schweizer Pfarrer und Schriftsteller Johann Kaspar Lavater fügt hinzu: „Der Mensch ist frei wie der Vogel im Käfig. Er kann sich innerhalb gewisser Grenzen bewegen." Und Matthias Claudius, der einfühlsame Dichter, hat Recht, wenn er sagt: „Niemand ist frei, der nicht über sich selbst Herr ist."

Die Redewendung „Ich bin so frei" wird kaum mehr verwendet. Sie hat ihre Bedeutung verloren und wird nicht mehr verstanden. Die Menschen haben heute so viele Freiheiten, dass sie die Freiheit, in der sie leben dürfen, nicht mehr zu schätzen wissen. Die Zeiten sind vorbei, in denen die Dienstboten nicht am gleichen Tisch wie die Herrschaft aßen und ihnen die Brotstücke vorgezählt wurden. Wer dann zum Herrentisch geladen wurde, der konnte mit Höflichkeit danken: „Ich bin so frei." Aber wo gibt es noch Dienstboten, Mägde und Knechte? Früher gehörten sie zu jedem besseren Bauernhof und jeder vornehme Haushalt verfügte über ein Dienstmädchen und, falls nötig, über ein Kindermädchen. Die Bezahlung war nicht gerade üppig, aber man hatte ein Dach über dem Kopf und brauchte nicht zu hungern. Wenn man dann abgelegte Kleider der Hausfrau erhielt, lehnte man nicht ab, sondern meinte bescheiden: „Dann bin ich halt so frei." Mit gewandelten Lebensumständen ändern sich auch Umgangsformen und Redewendungen. Die Erinnerung an die Redewendung „Ich bin so frei" lässt uns vielleicht ein wenig dankbar für die Freiheit sein, in der wir leben dürfen.

Sonntags zum Frühschoppen

Kirche und Wirtshaus stehen seit alters nebeneinander. So wie Leib und Seele zusammengehören, bilden Gotteshaus und Gasthaus eine gute Nachbarschaft. Allerdings gibt es eine Reihenfolge: Dem Gottesdienst gebührt der Vorrang. Wer gebetet und gesungen hat, wer auf Gottes Wort gehört und den Segen Gottes empfangen hat, der kann sich frohen Herzens eine Halbe Bier oder einen Schoppen Wein gönnen.

Natürlich hat es zu allen Zeiten Wirte gegeben, die ihre Stube bereits während des Gottesdienstes geöffnet hatten und selber nur an den höchsten Feiertagen den Weg in die Kirche fanden, aber sie bildeten eher die Ausnahme, denn man hielt auf gute Nachbarschaft. Allerdings darf man auch nicht verschweigen, dass die Obrigkeit dem guten Willen zuweilen ein wenig nachhelfen musste. So hat ein Öttinger Graf im 18. Jahrhundert den Wirten unter Androhung des Entzugs der Schankerlaubnis verboten, ihre Gasthäuser während des Gottesdienstes zu öffnen. Er war nicht der Einzige, der solches verfügte. Der Fürst wollte sich nicht um die Fürbittgebete seiner Untertanen gebracht sehen und ebenso wenig den Hang zur Trunkenheit fördern.

Der Frühschoppen hatte als erstes Thema die Sonntagspredigt des Pfarrers. Wer nicht in der Kirche gewesen ist, konnte gar nicht mitreden, aber ebensowenig die Kirchenschwätzer und Kirchenschläfer, die es in früheren Zeiten sehr viel häufiger gab. Die Nachfahren der Kirchenschwätzer und Kirchenschläfer schaffen heutzutage den Weg höchstens noch bis zum Wirtshaus oder Vereinsheim. Da sich aber die Gaben des Heiligen Geistes seit dem Empfang der heiligen Firmung wegen mangelnder Pflege verflüchtigt haben, wird man wohl kaum mit geistvollen Gesprächen rechnen dürfen. Das Kartenspiel, das die Prediger der Barockzeit „das Gebetbuch des Teufels" genannt haben, muss dann herhalten.

Je nachdem, wie ergiebig die Sonntagspredigt war, ob sie eher Zustimmung oder Kritik hervorrief, dauerte das Gespräch kürzer oder länger, um dann zur hohen Politik überzugehen. Der sonntägliche Frühschoppen kann als Stimmungsbarometer einer Pfarrei und der Wähler betrachtet werden. Nicht umsonst wünscht sich jede Partei die Oberhoheit über die Stammtische. Hier wird zwar nicht die große Politik gemacht, aber die Stimmung, die sich dann in Stimmen niederschlägt.

Gerade vor Wahlen laden die Parteien gerne zu einem politischen Frühschoppen am Sonntagvormittag ein. Es soll sogar schon vorgekommen sein, dass solche Veranstaltungen parallel zum Sonntagsgottesdienst durchgeführt wurden. Das zeugt von wenig Fingerspitzengefühl. Hätte der Politiker vorher die Kirche besucht, dann wäre ihm nicht nur eine Besinnungspause im Stress des Wahlkampfs geschenkt gewesen, sondern auch noch der eine oder andere anregende Gedanke aus der Sonntagspredigt als guter Aufhänger mit auf den Weg gegeben worden.

Der sonntägliche Frühschoppen ist eine Domäne der Männerwelt, vermutlich eine der letzten. Allerdings haben die späten Gottesdienstzeiten in manchen Dörfern dazu geführt, dass der sonntägliche Frühschoppen der Kirchgänger ganz zum Erliegen gekommen ist. Da und dort haben die Wirtschaften ihren Betrieb eingestellt, weil die paar Wirtshausbesucher, die im Lauf der Woche vorbeigeschaut haben, die Arbeit und neue Investitionen nicht mehr lohnten.

Der sonntägliche Frühschoppen als ein Ort der Begegnung, des Gedankenaustauschs und der Entspannung ist eine sinnvolle Einrichtung, wenn er in einem Zusammenklang mit Sonntagsgottesdienst und Mittagessen steht. Nimmt man den Sonntagsgottesdienst weg, dann ist es ein bloßes Zeit-Totschlagen. Überschreitet man das Zeitlimit für das häusliche Mittagessen, dann wird man eine kalte Küche und eine heiße Köchin vorfinden. Beides kann man nicht wollen.

In früheren Zeiten schaute der Pfarrer auf einen Sprung im Wirtshaus vorbei. Er konnte dann gleich das Echo auf seine Predigt erfahren und raren Kirchgängern ins Gewissen reden. Heute taucht kaum ein Geistlicher zum Frühschoppen im Gasthaus auf, denn der Stress hat auch die Pfarrer voll erfasst. Während sich die Kirchgänger in der einen Pfarrei zum Frühschoppen niederlassen, läuten in der anderen Pfarrei bereits die Glocken und die Kirchgänger erwarten den Seelsorger zur Sonntagsmesse und nicht zum Frühschoppen. Den Frühschoppen kann man ohne Pfarrer genießen, aber die heilige Messe nicht ohne ihn feiern. Das sollten jene bedenken, die den Pfarrer das ganze Jahr hindurch nicht sehen, weil sie der irrigen Meinung sind, der Frühschoppen sei wichtiger als die Sonntagsmesse.

Der Sonntagskaffee

Was wäre ein Sonntag ohne Kaffee? Neben dem Sonntagsbraten gehört der Kaffee am Nachmittag zu den Dingen des Lebens, die das Herz höher und schneller schlagen lassen. So jedenfalls empfanden dies unsere Vorfahren. Zum Sonntagskaffee fand sich die ganze Familie ein. Der Vater hatte seinen sonntäglichen Mittagsschlaf beendet. Die Mutter legte die Kirchenzeitung aus der Hand. Die Kinder kehrten nach Andacht und Christenlehre wieder ins traute Heim zurück. Und alle freuten sich auf den Kaffee.

Der Kaffee gehörte nicht zu den alltäglichen Dingen, genauer gesagt, der Bohnenkaffee. Zwar gab es werktags schon auch Kaffee, aber man nannte ihn abschätzig „Muckefuck". Von einer Kaffeeebohne war nicht die geringste Spur vorhanden. Weder der Blutdruck wurde von dem Kneipp'schen Ersatzkaffee Marke „Kathreiner" erhöht noch die Geschmacksnerven angeregt. Das einzig Gute, das man über das Getränk sagen konnte, war: Es ist gesund. Warum können aber gesunde Dinge nicht besser schmecken? Dieser Stoßseufzer richtete auch ein kleiner Bub an den lieben Gott, als es wieder einmal Spinat gab. „Lieber Gott, könntest du nicht die Vitamine in Schokolade und Bonbons hineintun statt in Spinat und Lebertran?"

Heute kann sich jeder eine Tasse Bohnenkaffee leisten, aber davon konnte man früher nur träumen, deshalb hatte der Sonntagskaffee einen so hohen Stellenwert. Zum Sonntagskaffee wurde das bessere Geschirr verwendet. Zum Sonntagskaffee kam man in der guten Stube zusammen. Zum Sonntagskaffee gab es den Kranz, der es mit jedem Kuchen aufnehmen konnte. Zum Sonntagskaffee lud man auch Verwandte oder Bekannte ein, wenn man nicht selber eingeladen war. Die Einladungen wurden dann und wann als eine Last empfunden. Als der kleine Fritz der Tante Fanny die Einladung zum Kaffee überbrachte und die Tante wissen wollte, was es denn gebe und dabei an einen besonderen Kuchen dachte, da gab Fritz zur Antwort: „Saure Äpfel." „Warum denn saure Äpfel?" „Papa hat gesagt, lauf schnell zur Tante Fanny und lade sie zum Kaffee ein. Heute müssen wir in den sauren Apfel beißen."

Der Bohnenkaffee begann seinen Siegeszug durch Europa, als die Türken 1683 vor Wien in die Flucht geschlagen wurden. Den Siegern fiel damals die Cafeteria der Türken in die Hände. Sie wurde der Beginn des Wiener Kaffeehauses. Kannte man bis dahin den Kaffee nur vom Hörensagen, jetzt konnte man ihn selber probieren. Hundert Jahre früher hat der Arzt Leonhart Rauwolf von einer Reise durch den Orient berichtet: „Unter anderem haben sie ein gutes Getränk, das sie hoch halten, Chaube genannt. Das ist beinahe wie Tinte so schwarz und bei Gebrechen, besonders des Magens, sehr dienlich. Diese pflegen sie frühmorgens zu trinken." Zunächst konnten sich nur die reichsten Leute Kaffee leisten, aber im Lauf der Zeit wurde er in den meisten Haushalten heimisch. Das konnte auch König Friedrich II. von Preußen nicht verhindern, der in seinem Land 1764 den Verkauf und Genuss von Kaffee verbot. Kaiserin Maria Theresia versuchte auf diplomatische Weise, den Kaffeeverbrauch einzuschränken, indem sie verbreiten ließ, wie ungesund das Trinken von Kaffee sei. Mozart hat die kaiserliche Warnung sogar in einem gern gesungenen Kanon vertont: „C-A-F-F-E-E. Trink nicht so viel Caffee. Nicht für Kinder ist der Türkentrank, schwächt die Nerven, macht dich blass und krank. Sei doch kein Muselmann, der dies nicht lassen kann." Wenn man sich den Luxus auch nicht oft leisten konnte, am Sonntag wollte man auf eine gute Tasse Kaffee nicht verzichten.

Sowohl nach dem 1. Weltkrieg wie nach dem 2. Weltkrieg konnte man von Bohnenkaffee nur träumen. Er wurde auf dem Schwarzen Markt zu Höchstpreisen gehandelt. Wer keinen Onkel in Amerika hatte, blieb ohne Chance. Aber auch in diesen Jahren wollte man auf den Sonntagskaffee nicht verzichten. Es war eine Erinnerung an die gute alte

Zeit und ein Stück Hoffnung auf bessere Zeiten. Heutzutage greifen nurmehr jene zum „Muckefuck", die mit hohem Blutdruck zu kämpfen haben, denen Herzrhythmusstörungen zu schaffen machen oder die den Genuss einer guten Tasse Kaffee mit einer schlaflosen Nacht bezahlen müssen.

Der Sonntagskaffee wird inzwischen vom Nachmittag nicht selten auf den späten Morgen verschoben, denn die Familie kann sich wegen vielseitiger Verpflichtungen zu der früher gewohnten Zeit nicht mehr zusammenfinden. Die einen trinken am Sportplatz ihr Bier, die anderen kehren bei ihrem Ausflug irgendwo ein und trinken dort ihren Kaffee oder machen Brotzeit. Die Rolle des Sonntagskaffees haben andere Formen der Begegnung übernommen. Damit ist weithin ein Stück Sonntagskultur verloren gegangen und gleichzeitig ein Stück Familienzusammenhalt.

Mit Erlaubnis des Papstes
Der Kaffee – ein umstrittenes Getränk

Es dauerte ein paar Jahrhunderte, bis der Kaffee über die Türkei schließlich nach Europa kam. Ziegenhirten im äthiopischen Hochland, das zum Königreich Kaffa gehörte, stellten fest, dass ihre Ziegen, sobald sie die Früchte von einer bestimmten Staude fraßen, nicht zur Ruhe kamen und die ganze Nacht umhersprangen. Als die Hirten selbst von den Früchten aßen, konnten sie gleichfalls nicht einschlafen. Sie berichteten von ihrer Entdeckung den Mönchen eines naheliegenden Klosters, denen es von da an leichter fiel, ihre nächtlichen Gebetszeiten durchzuhalten, ohne dabei einzuschlafen.

Im Lauf der Zeit begann man die Früchte zu trocknen, sie zu rösten und schließlich zu mahlen. Mit heißem Wasser übergossen wurde es zu einem Getränk, das die Sinne anregte. In Mekka gab es schließlich das erste Kaffeehaus. Die Geistlichen des Islam sahen mit Sorge, dass sich die Kaffeehäuser immer weiter ausbreiteten. Man war der Überzeugung, dass der Kaffeegenuss den Verstand beeinträchtige und der Gesundheit schade. Deshalb kam es zu Verboten des Sultans. Venezianische Kaufleute erkannten sehr früh, dass der Handel mit Kaffee ein einträgliches Geschäft werden könnte, aber auch die Engländer und Holländer, die sich zu Kolonialmächten entwickelten, sahen hier ein gutes Geschäft.

In besseren Kreisen war man vom Kaffee begeistert, auch wenn er sehr teuer war. Man zeigte damit, dass man sich diesen Genuss leisten kann. Die Geistlichkeit sah die Entwicklung mit einiger Sorge. Man wandte sich deshalb an den Papst. Er möge den Genuss von Kaffee katholischen Christen verbieten. Man machte vor allem gesundheitliche Schäden geltend, vor denen man die Gläubigen bewahren müsse. Papst Clemens VIII. (1592–1605) folgte der Meinung der Kritiker nicht, sondern fand das Getränk sehr köstlich. Er hielt es für unklug, diesen Genuss nur den Muslimen zu überlassen.

Eine Bach-Kantate lässt ahnen, wie der Kaffeegenuss den häuslichen Frieden gefährden kann. Die Kantate wurde 1734 in einem Leipziger Kaffeehaus uraufgeführt. Auch Mozart hat ein Kaffeeliedchen komponiert:

C-A-F-F-E-E, trink nicht so viel Kaffee.
Nicht für Kinder ist der Türkentrank,
schwächt die Nerven, macht dich blass und krank.
Sei doch kein Muselmann, der dies nicht lassen kann.

König Friedrich II. von Preußen belegte den Kaffee mit hohen Steuern. Das hatte einen blühenden Schwarzhandel zur Folge. Um den Kaffeeröstern auf die Schliche zu kommen, setzte er „Kaffeeriecher" ein. Dafür stellte er Franzosen an, von denen er annahm, dass sie besonders feine Nasen haben. Der Erfolg hielt sich in bescheidenen Grenzen. Der schwedische König Gustav III. wollte den Nachweis für die Schädlichkeit des Kaffeetrinkens erbringen. Er begnadigte zwei zum Tod verurteilte Verbrecher. Der eine sollte täglich Tee trinken, der andere Kaffee. Leider haben beide sowohl den König wie die beobachtenden Ärzte überlebt.

Von Ludwig van Beethoven weiß man, dass er sich den Kaffee selbst zubereitete und dafür genau 60 Bohnen abzählte. Balzac, der bedeutende Romancier, der Tag und Nacht arbeitete, hielt sich mit Kaffee wach. Er sei schließlich regelrecht kaffee-süchtig geworden. Während des Zweiten Weltkrieges und nach dem Krieg war Bohnenkaffee Mangelware und nur auf dem Schwarzen Markt erhältlich. Ersatzkaffee sollte den Mangel beheben. Es wurde ein Zeichen des Wohlstands, als sich jeder Bohnenkaffee leisten konnte. Inzwischen wird man allerdings daran erinnert, dass es in zahlreichen Ländern die Kinder sind, die bei der Ernte mithelfen müssen. Um dem entgegenzuwirken, gibt es Angebote aus „fairem Handel", wo garantiert wird, dass keine Kinder ausgenützt werden.

Trink Vinzenz-Wasser!
Wofür der Mund alles gut ist

„Herr, öffne meine Lippen, damit ich dein Lob verkünde", so beginnt das Chorgebet der Mönche. Mit dem Mund bekennen wir unseren Glauben. Wovon das Herz voll ist, davon spricht der Mund, das ist eine alte Volksweisheit. Freilich aus dem Mund können auch böse Worte kommen, Worte, die andere verletzen und sie verleumden. Zum heiligen Vinzenz Ferrer kam eine Frau, die sich über ihren brummigen und jähzornigen Mann beklagte. Sie bekomme von ihm kein gutes Wort. Sie könne es nicht länger mit ihm aushalten. Vinzenz Ferrer riet der Frau, sie solle einen Krug Wasser aus dem Kloster mit nach Hause nehmen. Wenn der Mann nach Hause komme, solle sie einen Schluck von dem Wasser nehmen und ihn im Mund behalten, bis der Unmut des Mannes verflogen sei. Die Frau befolgte den Rat des Geistlichen. Als der Mann auf sein zorniges Gerede und seinen Wutausbruch keine Widerrede bekam, schämte er sich. Die Frau hatte gelernt, dass es manchmal empfehlenswert ist, zu schweigen. Der Mann änderte sein Wesen. Friede kehrte in das Haus ein. In Spanien sagt man seitdem, wenn sich ein Streit anbahnt: „Trink Vinzenz-Wasser!"

Mit dem Mund lässt sich Zärtlichkeit und Hingabe ausdrücken. Wenn zwei Menschen sich küssen, sagt dies mehr als nur: „Ich hab dich gern", es heißt „Ich liebe dich". Natürlich gibt es eine Vielzahl von Kussformen und nicht jeder Kuss ist eine Liebeserklärung. Der Priester küsst den Altar zu Beginn der heiligen Messe und bevor er den Altar wieder verlässt. Der Altar ist ein Symbol für Christus. Der Kuss soll, wie auch der Kuss des Evangelienbuches, Hingabe und Treue, Anhänglichkeit und innere Verbundenheit mit Christus zum Ausdruck bringen. Bei jedem Kuss wird der Priester auch an den Apostel Judas Iskariot erinnert, der den Heiland mit einem Kuss verraten hat. „Den ich küssen werde, der ist es, den ergreifet." Er trat am Ölberg auf Jesus zu, umarmte und küsste ihn. Jesus sagt ihm: „Mit einem Kuss verrätst du den Menschensohn." Auch Petrus wurde die Zunge zum Verhängnis. „Deine Sprache verrät dich. Du bist ein Galiläer." „Ich kenne diesen Menschen nicht." Damit verleugnet er Jesus. Ein Weiser sagte: „Die Zunge ist das Süßeste auf der Welt. Sie beglückt, sie tröstet. Sie vermag glücklich zu machen. Die Zunge ist aber auch das Bitterste auf der Welt. Sie kann töten und Hass säen. Lass nie ein Wort wie dieses über deine Zunge kommen: Du bist für mich gestorben." Der Weise nennt die Zunge „süß und bitter", damit nennt er Begriffe des Schmeckens. Die Geschmacksnerven der Zunge vermitteln die Gaumenfreuden. Wenige Bücher verkaufen sich so gut wie Kochbücher. Die Liebe geht bekanntlich durch den Magen. Ein schmackhaftes Essen ist eine Köstlichkeit. Wir sind freilich in der Gefahr, uns jeden Wunsch zu erfüllen oder erfüllen zu lassen. Das werden dann die Pfunde, die der Gesundheit wenig zuträglich sind. Manche Leute kennen ja nur mehr eine Sünde: dass sie zu viel essen. Mit verständnisheischendem Augenaufschlag heißt es: „Heute darf ich ein wenig sündigen" und das dritte Stück Torte wird in Angriff genommen. Zu den Gaumenfreuden gehören neben den Köstlichkeiten der Küche auch die des Wein- und Bierkellers.

Im Mittelalter boten die reichen Leute bei Hochzeiten und ähnlichen Festen alles auf, was man bieten konnte. Man spricht von „Tafelfreuden". Das begann mit dem kostbaren Geschirr und delikaten Vorspeisen. Es gab verschiedene Braten und Fisch, dazu wurden erlesene Weine gereicht. Am Ende tischte man noch Früchte und Eis, Kaffee und Kuchen auf. Die Heilige Schrift warnt vor der Gaumenlust, aber ebenso vor der Augenlust. Die Römer hatten die Gaumenlust bei den Gastmählern des Lukullus auf die Spitze getrieben. Um keine der Schlemmereien zu verpassen, begaben sich die Gäste von Zeit zu Zeit nach draußen, um sich zu übergeben. Man kann auch ohne Kaviar und Trüffel, ohne Hummer und Krimsekt leben. Kartoffeln und Milch können besser schmecken als das teuerste Gericht im Feinschmeckerlokal. Über Geschmack lässt sich auch in diesem Fall streiten. Die Freude an gutem Essen brauchen wir uns nicht vergällen zu lassen. Als eine adelige Dame bei einem Festessen sah, dass Teresa von Ávila ein Rebhuhn mit Genuss verspeiste, fragte sie die Ordensfrau, ob sie das dürfe. Darauf gab ihr Teresa schlagfertig die Antwort: „Wenn Rebhuhn, dann Rebhuhn, wenn Fasten, dann Fasten".

Die Kappeler Milchsuppe
Eine gemeinsam gelöffelte Suppe als Zeichen des Friedens

Als der Schweizer Reformator Huldrych Zwingli den Rat der Stadt Zürich und die Bürger der Stadt durch seine Predigten dazu veranlasste, die Reformation, wie er sie vertrat, mit Feuer und Schwert in die Kantone der Innerschweiz zu tragen, kam es zum 1. Kappelerkrieg. Zürich zog zum Kampf aus, aber Luzern, Uri, Schwyz, Unterwalden und Zug schworen sich wider Erwarten zusammen und boten Zwingli mit seinen Zürichern die Stirn. Sie mussten erkennen, dass dieser Kampf nicht zu gewinnen war. Es kam 1529 zum Kappeler Frieden. Zum Zeichen des Friedens wurde die Kappeler Milchsuppe, die man gemeinsam genoss. Das Rezept der Kappeler Milchsuppe wird von Generation zu Generation weitergegeben. Man benötigt Milch, etwas Salz, Muskatnuss, ein Lorbeerblatt, eine Gewürznelke, dazu Eigelb, Sahne und etwas Butter sowie Brot. Man isst dabei gemeinsam aus einer Schüssel. Nur die Brotwürfel bleiben auf der eigenen Seite. Beim Kappeler Frieden brachten die Innerschweizer die Milch, während die Züricher das Brot stifteten.

Damit wäre die Züricher Reformation an ihr Ende gekommen. Ausgelöst wurde sie durch den Prediger am Großmünster in Zürich ‚Huldrych Zwingli, 1522. Der am 1. Januar 1484 geborene Sohn eines Bürgermeisters kam mit sechs Jahren zu einem geistlichen Onkel, der ihn für die Lateinschule vorbereitete, die er in Basel und Bern besuchen konnte. Später studierte er in Wien und vor allem in Basel, wo er den Magistergrad erwarb. Nach nur sechsmonatigem Theologiestudium empfing er mit 22 Jahren die Priesterweihe und wurde sogleich zum Pfarrer von Glarus gewählt. Man hat ihn dabei einem älteren Geistlichen vorgezogen. Vier Kapläne unterstützten ihn bei der Arbeit. Als Feldprediger zog er mit den Schweizern in den Krieg. Er wollte den Papst gegen die Franzosen unterstützen. 1516 wechselte er nach Maria Einsiedeln. Mit kritischen Augen nahm er das Wallfahrtswesen zur Kenntnis.

Er folgte 1519 einem Ruf an das Großmünster in Zürich, dem bedeutendsten Stift im Bistum Konstanz. Seine Predigten, die sich an der Heiligen Schrift orientierten und von großer Volksnähe waren, fanden viel Zuspruch. 1522 veröffentlichte er eine Schrift gegen das Fasten. Anstoß war das Wurstessen am Aschermittwoch bei dem Buchdrucker Christoph Froschauer, an dem er teilgenommen hatte. Dies wurde zum Auslöser der Züricher Reformation, die sich schon vorher in kirchenkritischen Predigten angekündigt hatte. 1523 kam es zu den Züricher Disputationen, die einen Bildersturm auslösten und zur Abschaffung der heiligen Messe führten. 1524 heiratete Zwingli eine Witwe. Aus der Verbindung gingen vier Kinder hervor. Von 1524–1529 übersetzte Zwingli zusammen mit Leo Jud die gesamte Heilige Schrift ins Deutsche. Er verwendete dabei die Züricher Kanzleisprache. Luther merkte kritisch an, er habe die Heilige Schrift in seinem Sinn „zwinglert".

Zwingli, der politisch denkt und einen großen Einfluss auf den Rat der Stadt Zürich besitzt, kam auch in Kontakt mit dem Landgraf Philipp von Hessen, der ihn zu den Marburger Religionsgesprächen einlädt. Zwingli und Philipp sehen schon ganz Europa protestantisch. Doch Luther und Zwingli können sich in der Abendmahlsfrage nicht einigen. Während Zwingli den Sieg der Reformation erzwingen möchte und 1531 nochmals in den Krieg zieht, um die Innerschweiz für den Protestantismus zu gewinnen, überlässt Luther die Politik den Fürsten. Beim zweiten Kappeler Krieg gibt es keine Milchsuppe mehr. Da kämpft Mann gegen Mann. Die Züricher unterliegen. Huldrych Zwingli wird gefangen genommen und zum Tod verurteilt. Man viertelt ihn, um ihn dann zu verbrennen. Seine Asche wird in alle Winde zerstreut. In Wittenberg nahm man dieses Ende schaudernd zur Kenntnis.

Lutherwürste
Nur eine Balzheimer Spezialität?

Wenn Frauen sich unterhalten und man nach einem Thema sucht, bei dem man nicht Gefahr läuft, in ein Geschwätz hineinzugeraten, bei dem andere ausgerichtet werden, dann gibt es nichts Dankbareres als den Austausch von Rezepten. Nichts ist deshalb erfolgreicher als Kochbücher und Sendungen im Fernsehen, bei denen es um das leibliche Wohl geht. Rezepte der Klosterküche sind sehr gefragt. Man kocht in Österreich anders als in Bayern, in Norddeutschland anders als in Schlesien, in katholisch geprägten Gegenden anders als in evangelischen. Armut macht erfinderisch, auch in der Küche. Der Reichtum lässt sich gleichfalls am Speisezettel ablesen.

Mit Reichtum war man in Kärnten im 17. Jahrhundert nicht gesegnet, aber ein Schwein, das eines Tages geschlachtet wurde, hielt sich jeder Haushalt. Dabei wurde dann alles verarbeitet. Selbst die Fleisch- und Fettreste hat man in Därme gefüllt, reichlich gewürzt und verwurstet. Geräuchert hatte man dann auch im Sommer, wenn hart gearbeitet wurde, eine schmackhafte Brotzeit.

Als Kärntner im Habsburger Reich, sofern sie Protestanten waren, vor die Wahl gestellt wurden, entweder zur alten Kirche zurückzukehren und katholisch zu werden oder das Land zu verlassen, entschlossen sich nicht wenige für die Auswanderung. Sie wurden in evangelischen Gegenden mit offenen Armen aufgenommen, denn Pest und Krieg hatten viele Orte ausbluten lassen. Höfe standen leer. Felder wurden nicht mehr bewirtschaftet. So war es auch in Memmingen und in Ulm, zu denen auch noch einige Dörfer gehörten. Sie nahmen die Kärntner auf und waren dankbar für die protestantische Blutauffrischung.

Wie nicht anders zu erwarten, brachten sie ihre Trachten und Bräuche mit und bereicherten die schwäbische Küche mit österreichischen

Rezepten. In den 360 Jahren, seit die Kärtner sich in Memmingen, Ulm und vor allem in Balzheim niedergelassen haben, hat sich längst alles angeglichen. Inzwischen laufen keine Schweine mehr durch den Ort auf der Suche nach Futter, denn längst wird der Abfall nicht mehr auf den Misthaufen geworfen und von Schweinen entsorgt. Welcher Haushalt verfügt noch über ein eigenes Schwein, das im Januar geschlachtet wird? Die Zeiten, wo man im Stadel schwarz metzgerte, sind längst vorüber. Nur noch selten wird zu Hause geschlachtet. Die Metzgereien bieten heute eine solche Fülle an Fleisch- und Wurstwaren zu günstigen Preisen an, dass sich die Mühe, selber zu schlachten, kaum mehr lohnt.

Erstaunlicherweise hat sich die Kärtner Wurst in ihrer alten Rezeptur durch die Jahrhunderte bei allem Wechsel erhalten. Sie gibt es allerdings nur zwischen Memmingen und Ulm. Man nennt sie „Balzheimer Würste" oder auch die „Lutherischen". Das mag in vergangenen Zeiten Katholiken der Gegend abgehalten haben, diese Würste auf den Tisch zu bringen. Manche behaupten zwar, sie seien roh kaum zu beißen, aber andere schätzen diese geräucherten Würste als besonders schmackhaft zu Linsen oder mit Kraut. Andere behaupten sogar, es gebe nichts Besseres zu Krautkrapfen als die lutherischen Würste. Inzwischen haben es diese Würste auf die bayerische Spezialitätenliste geschafft. Das war fast schwieriger als die Eroberung der katholischen Küchen.

Gesegnete Kräuter und ihre Heilwirkung
Das Johanniskraut gehört in den Kräuterbuschen

Am Fest Mariä Himmelfahrt werden alljährlich Blumen und Kräuter gesegnet, die zur Kirche gebracht werden. Das Fest der Aufnahme Mariens mit Leib und Seele in den Himmel erinnert zum einen an die Berufung aller Getauften zu ewigem Leben, aber es macht auch die enge Beziehung von Leib und Seele deutlich. Unseren Vorfahren war der innige Zusammenhang noch viel mehr bewusst als dem modernen Menschen. Wir wünschen zum Geburtstag: „Hauptsache Gesundheit". Früher wünschte man mehr, nämlich: „Gottes Segen, Gesundheit, ein langes Leben und einmal den Himmel".

An Mariä Himmelfahrt wird uns dies in Erinnerung gerufen. Die Kräuterbüschel, die gesegnet werden, wollen ihren Beitrag zur Gesundheit leisten und unseren Blick dafür weiten, dass an Gottes Segen alles gelegen ist. Bei einem Kräuterbüschel werden entweder sieben, neun oder zwölf Kräuter zu einem Strauß gebunden. Es soll auch Kräuterbüschel mit 99 verschiedenen Blumen und Kräutern geben. Es kommt nicht von ungefähr, dass diese Zahlenkombinationen gewählt werden, denn es sind heilige Zahlen. Die Fachleute für Kräuterbüschel wissen ganz genau, welche Kräuter nicht fehlen dürfen. Dazu gehört die Schafgarbe, Pfefferminze, Thymian, Salbei, Kamille, Sonnenblume und nicht zu vergessen das Johanniskraut.

Jede dieser Pflanzen besitzt Heilkraft. Die Schafgarbe hilft bei Appetitlosigkeit, Thymian bei Quetschungen, Pfefferminz fördert die Verdauung, Salbei bekämpft den Husten, Kamille kommt zum Einsatz bei Erkältung und Verletzungen und nicht zuletzt das Johanniskraut, das bei Nervenleiden und Depressionen empfohlen wird. Vom Johanniskraut, das auch den Namen „Christi Kreuzblut" oder „Unseres Herrgotts Wundenkraut" trägt, wird folgende Legende erzählt: Blumen des Johanniskrautes, die gerne an Böschungen und Straßenrändern wachsen, hätten sich auch an der Via dolorosa in Jerusalem befunden. Als die sternförmigen gelben Blüten den Heiland sahen, wie er unter der Last des Kreuzes fast zusammenbrach, ging ein Zittern durch das Johanniskraut, denn unendlich groß war das Mitleid, das die Pflanze für ihren Herrn und Schöpfer empfand. Als gar der Heiland in unmittelbarer Nähe zu Boden stürzte und sie ihn berühren durften, schmiegten sie sich an sein Gesicht und suchten seine Schmerzen zu lindern. Die Schergen rissen aber den aus vielen Wunden blutenden Heiland wieder empor. Jesus aber schaute voll Güte die Blumen an und eine wunderbare Kraft durchströmte sie. Diese heilende Kraft besitzen sie seit jenem Karfreitag.

Zur Erinnerung an Jesu Blut, mit dem sie benetzt wurden, sind sie von einem roten Saft durchflossen und werden deshalb mit Recht „Unseres Herrgotts Wundenkraut" genannt. Die Botaniker nennen das Johanniskraut, das vom Juni bis zum September blüht, sehr viel nüchterner: „Hypericum perforatum". Vermutlich ist diese Legende nicht die einzige Legende, die vom Johanniskraut erzählt wird, denn in manchen Gegenden nennt man die Blume auch „Frauenkraut" und damit verbindet sich gewiss eine Marienlegende, vor allem aber heißt sie Johanniskraut, weil sie genau zum Tag der Geburt Johannes' des Täufers allenthalben blüht.

Das verlorene Rezept
Der Klosterlikör aus Wien

Aufsehen erregte die Nachricht, dass das Rezept eines berühmten Kloster-
likörs verloren gegangen ist. Der Orden der armenischen Mechitaristen
hat seit 1811 ein Kloster in Wien. Kaiser Franz I. hat den aus Armenien
geflüchteten Ordensleuten ein leerstehendes Kloster als Bleibe überlassen,
allerdings mit der Auflage, sie dürften dem Staat nicht zur Last fallen.
Womit sollten sie Geld verdienen? Sie könnten Ikonen malen, aber wer
würde sie kaufen? Sie könnten Teppiche weben, aber gäbe es eine Nachfrage? Aus ihrem alten Kloster kannten sie ein Rezept, um einen Likör
herzustellen. Sie machten den Versuch und er war höchst erfolgreich.

Der Klosterlikör der Mechitaristen schmeckte vorzüglich, außerdem
tat man ein gutes Werk, denn man unterstützte ein Kloster, das auf jeden Pfennig angewiesen war. Das Rezept wurde streng geheim gehalten
und nur mündlich überliefert. Immer nur zwei Mönche wussten Bescheid. Völlig überraschend starb nun einer der Mönche, die das Rezept
kannten, gleichzeitig setzte beim zweiten Mönch, der davon Kenntnis
hatte, eine Demenz ein, sodass sein Erinnerungsvermögen ausfiel. Das
bedeutet für das Kloster eine Katastrophe. Niemand kennt mehr das
jahrhundertealte Rezept. Bei jeder Führung durch das Kloster war der
Besuch des Klosterkellers mit einer Likörprobe der Höhepunkt. Etwa
3000 Besucher kamen alljährlich in das Kloster der Mechitaristen. Sie
probierten den Likör und kauften ihn. Was ist jetzt zu tun? Es gibt zahlreiche Klosterliköre, aber die anderen Klöster hüten ihr Rezept ebenfalls
eifersüchtig. Sie sollten freilich das Rezept nicht nur mündlich weiterge-
ben, sondern es auch niederschreiben, damit es nicht so geht wie bei den
Mechitaristen in Wien.

Der Likör kam übrigens in der Zeit der Kreuzzüge über Spanien nach
Europa. Da die Klöster von jeher Apotheken betrieben, um Kranken

helfen zu können, lag es nahe, die im Klostergarten angepflanzten Heilkräuter zu verarbeiten. So entstanden die verschiedenen Medizinen, die Linderung von Schmerzen oder Heilung brachten. Tropfen und Tabletten entstanden. So kam es auch zur Herstellung von Likör, der zunächst nicht als Genussmittel gedacht war, sondern als ein Mittel, das die Verdauung fördert und das Wohlbefinden steigert. Die Klosterapotheken wurden zum Ausgangspunkt einer blühenden Likörfabrikation.

Selbst ein so strenger Orden wie die Kartäuser stellen einen Likör her, der zu den besten seiner Art zählt und deshalb auch entsprechend teuer ist. „Chartreuse" gehört zu den Spitzenmarken der Liköre. Das hängt gewiss mit der Art der Herstellung zusammen. Aber auch der von den Benediktinern in Ettal hergestellte Klosterlikör erfreut sich großer Beliebtheit auf Grund seines ausgezeichneten Kräutergeschmacks. Inzwischen verstehen sich auch Hausfrauen auf die Herstellung von Likören. Sie überraschen ihre Gäste mit selbst gemachten Kirschlikören oder Ähnlichem. Den Mechitaristen von Wien bleibt freilich nichts anders übrig, als zu versuchen, dem alten Rezept auf die Spur zu kommen. Vielleicht lässt sich in einem armenischen Kloster ein ähnliches Rezept finden. Man möchte es ihnen wünschen, damit sie ihr Kloster noch weiter erhalten können. Aber es gibt heute auch Klöster, die nicht wegen eines fehlenden Rezepts aufgegeben werden, sondern weil es an Nachwuchs mangelt. Das Rezept für die Gewinnung von Nachwuchs ist offenkundig ebenfalls abhandengekommen.

Whisky – Das Wasser des Lebens
Zeitweise nur auf Rezept erhältlich

Whisky gehört hierzulande nicht zu den gebräuchlichen alkoholischen Getränken. Neben Bier und Wein sind es Schnäpse und Liköre. Allesamt verdanken sie ihre Veredelungen den Klöstern des Mittelalters. Whisky und Champagner sind überhaupt klösterliche Entdeckungen. Irland und Schottland rivalisieren, in welchem Kloster erstmals Whisky hergestellt wurde. Man nimmt an, dass der früheste Whisky schon zur Zeit des heiligen Patrick, dem Apostel Irlands, in den Klöstern als Medizin Verwendung fand.

Das hing auch damit zusammen, dass Wein sehr kostspielig war. Man war angewiesen auf Weinlieferungen aus Frankreich, Italien und Spanien. Auf das Bierbrauen verstand man sich von jeher. Den Mönchen gelangen bei der Bierherstellung einige Verbesserungen, die dann auch bei der Produktion von Whisky eine Rolle spielten. Grundlage für den Whisky ist der Anbau von Gerste. Wenn die Gerste geerntet ist, wird sie gedroschen und das Getreide auf Speichern gelagert. Sobald die Körner zu keimen beginnen, wird dieser Prozess gestoppt, indem man sie durch Hitze trocknet. Dies kann auf verschiedene Art getan werden. Das beeinflusst dann auch den Geschmack des Whiskys. Im nächsten Schritt wird Wasser beigefügt. Auch hier ist es wichtig, ein gutes Quellwasser zur Verfügung zu haben. Um den Gärprozess einzuleiten, benötigt man noch Hefe, wie sie in Bäckereien verwendet wird. Die daraus gewonnene Flüssigkeit hat dann einen Alkoholgehalt von etwa 20 Prozent. Die eigentliche Kunst besteht dann im Brennen. Je nach gewünschtem Alkoholgehalt geschieht dies mehrmals. Dann wird die Flüssigkeit in ein Fass abgefüllt und muss dann mehrere Jahre, wenigstens aber zwei Jahre, ruhen. In der Regel sind es aber zehn Jahre und mehr. Das macht dann die Qualität des Whiskys aus und bestimmt seinen Preis.

Irland und Schottland sind die klassischen Länder des Whiskys. Nachdem aber viele Iren und Schotten seit Jahrhunderten in die Vereinigten Staaten von Nordamerika ausgewandert sind, ist es keine Überraschung, dass auch in den Vereinigten Staaten Whisky sehr geschätzt wird. Daran haben auch hohe Alkoholsteuern nichts ändern können. Als in Amerika Alkoholausschank verboten war, konnte man Whisky nur auf Rezept in den Apotheken erhalten. Dass der Alkoholschmuggel und der Schwarzhandel blühte, kann man sich vorstellen. Dem Staat entgingen Millionen von Steuergeldern.

Whisky wird in besonderen Gläsern getrunken, die sich nach oben hin verjüngen, um so das Aroma des Getränks hervorzuheben. Man fügt auch etwas Wasser hinzu, um den Genuss zu erhöhen. Whisky heißt zu Deutsch „Wasser des Lebens". Dies hängt auch damit zusammen, dass der Whisky ursprünglich hauptsächlich für medizinische Zwecke verwendet wurde. Die Mönche haben nur maßvoll von dem Whisky getrunken und ihren Gästen vorgesetzt. Wenn man die lange Dauer bedenkt, bis das Getränk seine volle Reife erreicht hat, verbietet es sich von selbst, es wie Wasser in sich hineinzuschütten. In Maßen genossen bietet es, wie Iren und Schotten bezeugen, eine erhöhte Lebensqualität.

Wer denkt, der dankt
Die Dankbarkeit

Nicht nur kleine Kinder neigen zur Vergesslichkeit. Ist es schon schwer, ihnen beizubringen, dass man „Bitte" sagen muss, wenn man etwas haben möchte, noch viel schwerer ist es, sie zu bewegen, „Danke" zu sagen, wenn man etwas bekommen hat. Die Caritas hat vor einigen Jahren für ihre Sammlung im Herbst das Motto ausgegeben: „Wer denkt, der dankt". Umgekehrt könnte man also sagen: Wer undankbar ist, der hat keine böswilligen Absichten, er ist nur einfach gedankenlos. Zur Dankbarkeit müssen nicht nur die kleinen Kinder angehalten werden, zur Dankbarkeit müssen wir uns auch selber anhalten. Die Dankbarkeit gehört zum kleinen Einmaleins der Liebe.

Vieles nehmen wir selbstverständlich, erst wenn es nicht mehr geschieht, merken wir, dass es keine Selbstverständlichkeit war. Die geputzten Schuhe, die gewaschenen und gebügelten Hemden, das frisch überzogene Bett, die aufgeräumte Küche, das pünktliche Essen, dies alles und noch viel mehr bewerkstelligt eine Hausfrau und trägt zu einer Atmosphäre des Wohlbefindens bei. Fällt die Mutter für ein paar Tage, gar für einige Wochen aus, dann geht einem auf, wie viel Kleinigkeiten beachtet werden müssen, angefangen vom Blumengießen bis hin zum Lüften der Wohnung. Wer kommt schon auf die Idee, ab und zu ein Dankeschön zu sagen? Vielleicht hängt das auch damit zusammen, dass wir auch das Tischgebet in unseren Familien zu wenig pflegen. Das Tischgebet ist Ausdruck des Dankes gegen Gott. Er ist der Geber aller guten Gaben. Wenn wir Gott vergessen, werden wir schwerlich an die denken, die für uns sorgen. Wir nehmen es als Selbstverständlichkeit. Es ist ihre Aufgabe, für uns zu sorgen. Da braucht man nicht eigens zu danken. Wie wohltuend hebt sich da das Wort des kleinen Martin ab, der seine Mama nach dem Mittagessen anstrahlt: „Mama, das war heute wieder gut."

Mancherorts gibt es kein Geschäft mehr. Vorbei die Zeiten, in denen man sich noch schnell die vergessene Zitrone besorgen konnte, vorbei die Zeiten, in denen man sich mit den Nachbarn beim Einkaufen traf. Freilich, als es den Laden noch gab, wusste man es nicht zu schätzen, dass man im eigenen Dorf einkaufen konnte. Mancherorts gibt es keinen Pfarrer mehr. Vorbei die Zeiten, in denen man sich wünschen konnte, wann am Sonntagvormittag der Gottesdienst sein soll, um Langschläfern und Landwirten, um Hausfrauen und Anhängrn des Frühschoppens gleichermaßen gerecht zu werden. Wenn ein Pfarrer mehrere Pfarreien hat, muss sich der Zeitplan nach dem Pfarrer richten. Es ist unmöglich, dass er in drei oder gar vier Pfarreien – in Zukunft werden es sogar noch mehr sein – gleichzeitig um neun Uhr persönlich anwesend ist, um die heilige Messe zu feiern. Man könnte sich mit Andachten behelfen, sogenannten Wort-Gottes-Feiern, aber wer die Bedeutung der heiligen Messe zu schätzen gelernt hat, der wird auf sie nicht verzichten wollen. Sie ist schließlich die Danksagung schlechthin, man nennt sie deshalb ja auch Eucharistiefeier. Man wird also seine Zeitvorstellungen nach dem Machbaren richten und dankbar dafür sein, solange noch eine heilige Messe am Ort gefeiert werden kann.

Mancherorts gibt es keinen Mesner mehr. Niemand findet sich bereit, diesen Dienst zu verrichten. In anderen Orten fehlt der Organist. Kirchenchöre haben keinen Leiter mehr und lösen sich auf. Das ist ein Verlust sondergleichen. Hängt das nicht auch damit zusammen, dass der treue Dienst von kirchlichen Mitarbeitern zu wenig Dank und Anerkennung vonseiten der Pfarrgemeinde erfährt. Wie viel Arbeit steckt in der Vorbereitung und Durchführung kirchlicher Feste. Sie sind Höhepunkte im Kirchenjahr. Ein wenig Anerkennung würde da schon manchmal guttun. Meistens sieht man ja nur, dass irgendetwas vergessen wurde oder ein Einsatz nicht klappte. Man sollte das Denken nicht nur dem Pfarrer überlassen, sondern auch selber seine Wertschätzung zum Ausdruck bringen. Das kann am Stammtisch ebenso geschehen wie beim Kaffeekränzchen.

Das sind nur einige Beispiele. Man könnte unzählige anführen, vom Bürgermeister bis zum Gemeindearbeiter, vom Schulleiter bis zum Hausmeister hat jeder auch ein Anrecht auf ein bisschen mehr Dankbarkeit. Mit Kritik sind die meisten nicht sparsam, aber am Danken fehlt es. Zum kleinen Einmaleins der Liebe gehört die Dankbarkeit.

Reformationsbrötchen
Die Lutherrose als Gebäck

Martin Luther und die anderen Reformatoren lehnten die Heiligenverehrung entschieden ab. Das führte zu einer Verminderung der Feiertage. Da aber zu den Feiertagen immer auch eine Köstlichkeit gebacken oder gebraten wurde, konnten die Protestanten nur neidvoll auf die Katholiken schauen, denen immer wieder neue Rezepte einfielen, die zu den Festtagen auf den Tisch kamen. Ein Trost war es, dass man weder eine Fastenzeit halten musste noch am Freitag kein Fleisch und keine Wurst essen durfte.

Nur zu gerne hätte man auch geweihte Agathenbrote, die gegen das Heimweh helfen, gegessen oder Marienschnecken am Fest Mariä Heimsuchung. Hätte man sich so etwas von einem katholischen Mitschüler schenken lassen, wäre das fast ein Glaubensabfall gewesen. Ist es trotzdem geschehen, hat man am besten drüber geschwiegen.

Es wird wohl eine kluge evangelische Pfarrersfrau gewesen sein, die nach einem Anlass suchte, um ebenfalls ein besonderes Gebäck auf den Tisch zu bringen. Die Katholiken hatten von jeher an Allerheiligen ihre „Allerseelenzöpfe", die von den Taufpaten an ihre Patenkinder verschenkt wurden. Sie wollten damit einerseits den Kindern eine Freude machen, andererseits war damit auch die Bitte verbunden, ihrer nach dem Tod im Gebet zu gedenken. Allerheiligen – Allerseelen waren für evangelische Christen ohne Belang, denn die Heiligenverehrung war abgeschafft und das Gebet für die Verstorbenen überflüssig. Aber am Tag vor Allerheiligen hatte Luther seine 95 Thesen an die Schlosskirche von Wittenberg angeschlagen. Der 31. Oktober 1517 wurde zum Ausgangsdatum der Reformation. Dieser Tag wurde 1667 von Kurfürst Johann Georg II. zum Feiertag im Kurfürstentum Sachsen erklärt. Dieser Termin setzte sich rasch als „Reformationstag" allgemein in evangelischen Territorien durch.

Zu einem Feiertag gehört auch etwas Besonderes auf den Tisch. Das meinte auch jene Pfarrersfrau, die Mehl in eine Schüssel siebte. Sie drückte in die Mitte eine kleine Mulde, in die Hefe, Zucker und Milch kamen. Das Ganze wurde vermengt, mit Mehl bestäubt, zugedeckt und an einen warmen Ort gestellt. Dort konnte der Teig gehen. War er aufgegangen, fügte man Butter, Rosinen, Mandeln, Zitronat und Zitronenschalen dazu, goss Milch darüber und knetete das Ganze nochmals tüchtig durch. Der Teig darf dann wieder gehen. Man knetete erneut, um dann den Teig auszurollen und in vier Ecke zu schneiden. Man schlägt die Ecken ein, sodass die Spitzen in der Mitte zusammenstoßen. In der Mitte jedes Teigstückes kommt ein Teelöffel rote Marmelade. Nochmals gehen lassen, dann den Ofen auf 200–220 Grad vorheizen und schließlich die Teigstücke 20 Minuten backen. Am Schluss werden sie mit Puderzucker bestäubt. Das Backwerk nennt sich „Reformationsbrötchen" und soll an das Wappen Marin Luthers, die Lutherrose, erinnern.

Während des Reichstages 1530 zu Augsburg hielt sich Luther auf der Veste Coburg auf. Dort besuchte ihn Prinz Johann Friedrich, der spätere Kurfürst von Sachsen, und schenkte ihm einen Siegelring, den Luther in einem Brief an Lazarus Spengler so beschrieb: „Die Mitte bildet das Kreuz im Herzen. Es ist umgeben von einer weißen Rose, die im himmelblauen Feld steht. Das Ganze wird zusammengehalten von einem goldenen Ring." Luther beschreibt den Ring nicht nur, sondern er deutet ihn auch. Es ist das Bekenntnis zu Jesus, der ihn am Kreuz erlöst hat und der sein Herz mit tiefem Glauben erfüllen möchte. Die weißen Rosenblätter wollen Glaube, Liebe, Freude, Trost und Friede ausdrücken, die Gott zu schenken vermag. Das Blau verweist auf das Ziel menschlichen Strebens: den Himmel, während die goldene Fassung die ewige Seligkeit andeutet, die es zu erlangen gilt.

Die Lutherrose stand Pate beim Reformationsbrötchen. Das Backwerk gibt es vor allem in Sachsen, Sachsen-Anhalt und Thüringen. Es wird dort im Oktober in nahezu allen Bäckereien angeboten. Man darf bezweifeln, dass diejenigen, die sich das Gebäck schmecken lassen, auch an die Lutherrose denken, mit der der Reformator seine Briefe und seine Schriften gesiegelt hat.

Bartholomäusbutter hilft bei allerlei Leiden
Er wird am 24. August gesegnet

Der Gedenktag des heiligen Apostels Bartholomäus war im bäuerlichen Leben ein wichtiger Termin. Zahlreiche Pferdemärkte wurden am 24. August abgehalten. Die Ernte war großenteils eingebracht, sodass man auf die Pferde verzichten konnte. Pferde wurden verkauft, um sie über den Winter nicht füttern und verpflegen zu müssen. Das ermöglichte auch Bauern, die nicht so vermögend waren, günstig zu einem Pferd zu kommen. Damit stieg man auch im Ansehen.

Der Gedenktag des heiligen Bartholomäus bildete den Auftakt zur Apfelernte, weil zu diesem Zeitpunkt die Äpfel besonders saftig waren und sich hervorragend zum Herstellen von Most eigneten. Die Schankwirte waren verpflichtet, zum Bartholomäustag Most anzubieten. Ein Wirt, der dies versäumte, konnte sogar das Schankrecht verlieren, wie bei Markus Hilpert in seinem Buch „katholisch draußen" zu lesen ist.

Der Apostel Bartholomäus wird gerne mit einem besonderen Messer dargestellt. Ein solches Messer verwenden die Gerber. Das hängt damit zusammen, dass man dem heiligen Bartholomäus bei lebendigem Leib die Haut abgezogen hat. Die Legende berichtet, eine fromme Frau habe seinen geschundenen Leib ganz mit Butter eingerieben und ihm die Haut wieder angezogen. Er sei daraufhin geheilt gewesen. Aus diesem Grund wird in manchen Gegenden, vor allem in der Steiermark, in Kärnten und der Schweiz, am Fest des heiligen Bartholomäus Butter gesegnet, der dann besonders für die Weihnachtsbäckerei Verwendung findet. Dem Bartholomäusbutter wird eine besondere Heilkraft zugeschrieben bei Hals und Leibschmerzen. Ebenso verwendet man ihn bei Schnittwunden.

In einer Zeit, in der Kinder den Namen des Tagesheiligen ihrer Geburt bekamen, gab es immer wieder einen Bartholomäus. Manche von ihnen wurden sogar berühmt wie der Maler Bartholomäus Zeitblom aus Nördlingen, den man der Ulmer Schule zurechnet. Oder Bartholomäus Holzhauser aus Laugna bei Dillingen/Donau, den Begründer einer Weltpriestergemeinschaft. Es wäre auch der evangelisch-lutherische Indienmissionar Bartholomäus Ziegenbalg zu erwähnen, der die Heilige Schrift in die Sprache der Tamilen übersetzte. Dass der Vorname Bartholomäus in früheren Zeiten häufiger vorkam, lässt sich schon aus der Redewendung ersehen: „Dir zeig ich schon noch, wo der Barthel den Most holt." Je nach dem Ton kann es eher als eine Drohung oder als das Angebot, jemand zu helfen, verstanden werden.

Am Bartholomäustag inspizierte die Bäuerin ihre Gänse und entschied bereits, welche Gans zu Martini geschlachtet wird, um einen guten Braten zu erhalten. Da an diesem Tag auch die Schonzeit für Fische endete, wurden bereits die Karpfen ausgewählt, die am Heiligen Abend verzehrt wurden.

Berufe, die mit Messern umgehen, haben häufig den heiligen Bartholomäus als ihren Patron verehrt: die Gerber, die Schuster, die Metzger, um nur einige zu nennen. Und die Bauern verbinden mit dem heiligen Bartholomäus folgende Wetterregeln: „Wie sich das Wetter am Bartholomäustag stellt ein, so solls den ganzen September sein" oder: „Bartholomä voll Sonnenglut macht Wein und Reben stark und gut."

Der Rosenkranz aus Brotkrumen
Er kommt aus dem KZ Auschwitz

Man wünscht es keinem, dass er in eine hoffnungslose Lage gerät, aber wenn dies der Fall ist, sei es durch den plötzlichen Tod eines lieben Menschen, sei es durch eine schwere Krankheit, sei es durch einen Schicksalsschlag wie den Verlust des Arbeitsplatzes oder das Scheitern der Ehe, wie wird man damit fertig, wo findet man Trost, wo gewinnt man die Kraft weiterzuleben, weiterzukämpfen, weiterzuhoffen? Man muss sich fragen, wie sind andere damit fertiggeworden?

Ich denke da an die Menschen, die in den Konzentrationslagern der Nazis und der Kommunisten täglich erleben mussten, wie der Mensch nichts wert war, wie er entwürdigt wurde. Sie mussten erleben, wie täglich gefoltert und gemordet wurde. Viele haben sich aufgegeben. So war es auch in den Kriegsgefangenenlagern. In dieser verzweifelten, in dieser hoffnungslosen Lage haben gläubige Menschen auf Gott vertraut. Er werde sie so oder so aus diesem Tal der Tränen führen. In den schlaflosen Stunden durchwachter Nächte beteten nicht wenige den Rosenkranz. Sie hatten ihn als Kinder beten gelernt. Sie hatten ihn mit der Oma gebetet. Jetzt nahmen sie ihre zehn Finger her, um die zehn „Gegrüßet seist du, Maria" eines Gesätzchens abzuzählen. Unter den Votivgaben der Jasna Gora, unserer Lieben Frau von Tschenstochau, ist auch ein Rosenkranz aus Auschwitz. Ein junger Pole namens Jerzy Kowalewski hat ihn mit zwei Mithäftlingen gefertigt. 1942 war die Lage im Konzentrationslager unerträglich geworden. Da beteten sie täglich den Rosenkranz. Sie entschlossen sich, von der ohnehin schmalen Brotration etwas wegzunehmen und daraus einen Rosenkranz zu machen. Als der unter solchen Opfern entstandene Rosenkranz fertig war, gaben sie ihn einem Mithäftling, der fliehen wollte. Ihm gelang tatsächlich die Flucht und er brachte den Rosenkranz zu dem polnischen Gnadenort. Hier erinnert er bis zum heutigen Tag an das Gottvertrauen polnischer Häftlinge. Alle drei haben das Konzentrationslager überlebt.

Auch deutsche Kriegsgefangene, die in Russland am Verhungern waren, machten einen Rosenkranz aus dem Kostbarsten, das sie besaßen, aus Brotkrumen. Sie setzten ihre ganze Hoffnung auf die Mutter des Herrn. Sie sollte ihnen die Freiheit erflehen. Es war Bundeskanzler Dr. Konrad Adenauer, dem der Durchbruch in den Verhandlungen mit den sowjetischen Machthabern gelang. Die Kriegsgefangenen durften aus Russland heimkehren. Adenauer berichtet selbst, dass er vor diesen schwierigen Verhandlungen immer wieder zum Rosenkranz gegriffen habe, und auch als die Verhandlungen ins Stocken geraten waren, habe er den Rosenkranz gebetet. Das habe ihm Ruhe und innere Sicherheit gegeben. Ähnliches lässt sich vom österreichischen Bundeskanzler berichten. Er erreichte am 15. Mai 1955 die Freiheit Österreichs. Es war erstmals, dass die Sowjets ein von ihnen besetztes Land räumten. Man kann den Rosenkranz gar nicht hoch genug schätzen.

Pater Anselm Grün, der bekannte Benediktiner aus Münsterschwarzach, erzählt von seiner Mutter. Sie habe im Alter fast nicht mehr sehen können. Vieles, was sie bis dahin gerne getan hatte, konnte sie nicht mehr tun. Darüber klagte sie nicht. Sie griff zum Rosenkranz. Da gab es so viele Anliegen, in denen sie zu beten hatte, dass es ihr nie langweilig wurde. Sie könnte für manchen ein Beispiel sein, der darüber jammert, dass er nicht mehr so arbeiten kann wie früher. Das Beten für andere ist auch eine große und segenbringende Aufgabe. An Anliegen fehlt es doch nicht, man braucht seine Augen nur aufzumachen. Natürlich darf man auch für sich selber beten und dies gerade dann, wenn man weder aus noch ein weiß, wenn man nicht weiß, wie es weitergehen soll. Maria ist eine Helferin in allen Nöten. Die Lage kann gar nicht so verzweifelt sein, dass die Mutter des guten Rates keinen Ausweg wüsste. Beim Beten wird nicht nur unser Herz ruhiger, es wird auch unser Kopf klarer.

In den Geheimnissen des Rosenkranzes gehen wir den Weg Marias mit. Es war kein leichter Weg. Das wird uns bei der Betrachtung des freudenreichen und des schmerzhaften Rosenkranzes bewusst. Sie hat viele dunkle Stunden durchgestanden. Immer aber sagte sie Ja zum Willen Gottes. Dieses Ja spricht sie auch uns vor, damit wir es ihr nachsprechen. Im glorreichen Rosenkranz öffnet sich uns aber der Himmel. Bei allem Leid, bei aller Trostlosigkeit, dürfen wir nicht vergessen, dass dieses Leben nicht alles ist, es ist Durchgang zum ewigen Leben. Den Himmel dürfen wir niemals aus dem Blick verlieren. Der Rosenkranz hilft uns dazu.

Die Entdeckung im Klostergarten
Einem Ordensmann verdanken wir die Clementinen

Wenn alljährlich der Paulaner-Bräu in der Fastenzeit zum Starkbieranstich einlädt und vor einiger Zeit immer der Bruder Barnabas seine Fastenpredigt hielt, dann dachten nur wenige daran, dass die Paulaner ein strenger katholischer Büßerorden war und das Bier, das sie brauten, ein wirkliches Bußgetränk war. Würde dieses Getränk heute auf dem Nockherberg ausgeschenkt, wäre der Andrang wohl bedeutend geringer. Aber nicht nur der Bruder Barnabas hat der „Mama Bavaria" Platz gemacht, sondern auch der Paulanerorden hat in München nur noch einer Brauerei den Namen hinterlassen. Aus dem bitteren Fastengetränk ist ein wohlschmeckendes alkoholhaltiges Starkbier geworden. Der Gründer der Paulaner, der heilige Franz von Paula, dessen Gedenktag am 2. April begangen wird, hat mit dem Nockherberg weniger zu tun als Bruder Marie-Clement Rodier mit den Clementinen.

Gerade in der kalten Jahreszeit weiß man die Orangen und Mandarinen als Vitaminspender zu schätzen. Sie beugen Erkältungskrankheiten vor. Man wird auch nicht so schnell Opfer einer Grippe. In der Barockzeit haben die Fürsten große Gewächshäuser bauen lassen. Man nannte sie Orangerien und war glücklich, hier Orangen und Zitronen reifen zu sehen. Die Sehnsucht nach dem warmen Süden verbindet alle Nordländer, deshalb brechen auch alle in den Süden auf, sobald die Urlaubs- und Ferienzeit anbricht. Dass Orangen und Mandarinen noch schmackhafter sind, wenn man sie im Ursprungsland in der Sonne gereift essen kann, wird jeder Urlauber bestätigen. Der Export der Südfrüchte spielt für die Länder des Mittelmeeres eine große Rolle. Auch ein Kloster in Algerien finanzierte mit Obstanbau, Weinbergen und Rosenzucht ein Waisenhaus, in dem täglich 100 Kinder versorgt wurden.

Verantwortlich für den gesamten Obst- und Gartenbau, die Weinberge und die Rosenzucht war der 1839 geborene Franzose Vital Rodier, der bei seinem Ordenseintritt den Namen Marie-Clement erhalten hatte. Eigentlich wollte er Kartäuser wie sein Onkel, der Prior von Valbonne, werden, aber dafür hätte er eine robustere Natur haben müssen. So schloss er sich der Gemeinschaft der „Kleinen Brüder der Verkündigung Mariä" an. Die Verbindung von Gebet und Arbeit bedeutete für ihn Erfüllung. In den Waisenkindern hatte er eifrige Helfer. Sorgfältig beobachtete er die Entwicklung der Pflanzen. Ständig notierte er Auffälligkeiten. So entdeckte er eines Tages in der Orangenplantage einen Baum, der weder ein Orangen- noch ein Mandarinenbaum war. Er trug Früchte, die röter als die der Mandarinen waren. Zu seiner Überraschung waren sie saftiger und schmackhafter als Orangen und Mandarinen. Außerdem hatten sie keine Kerne. Das veranlasste Bruder Marie-Clement, mit Pröpflingen dieses Baumes Veredelungen vorzunehmen. Der neue Baum trug tatsächlich saftige kernlose Orangen und erhielt nach seinem Entdecker den Namen „Clementinenbaum" und seine Orangen werden „Clementinen" genannt.

Von Misserghin, 20 Kilometer von Oran in Algerien aus, wo sich das Kloster mit dem Waisenhaus und seinem Obstbetrieb befand, traten die Clementinen ihren Siegeszug an. Inzwischen kann man sie in jedem Geschäft entdecken. Bruder Marie-Clement starb im Alter von 65 Jahren am 20. November 1904. Die kleine Ordensgemeinschaft hat längst zu bestehen aufgehört und sich dem Orden der Spiritaner angeschlossen. Klöster in Algerien gibt es kaum mehr, aber vielleicht sollte man beim Essen einer Clementine auch einmal an den Bruder Marie-Clement denken, der sein Leben in den Dienst Gottes und von Waisenkindern gestellt hat.

Ein Stück Himmel auf Erden
Zum Kirchweihfest

Kirchweih war seit ältester Zeit ein hoher Festtag, der nicht selten sogar mit einer ganzen Festwoche verbunden wurde. Im Oberbayerischen sagt man: „Der Kirta dauert bis zum Irta."

Und meint damit, dass Kirchweih bis zum Dienstag danach gefeiert wird. Dies verdanken wir Kaiser Konstantin dem Großen. Er ließ die Einweihung der von ihm gestifteten Basiliken in Rom, Jerusalem und Konstantinopel jeweils mit großen Festen begehen. Der Jahrestag der Weihe wurde erneut zum Anlass genommen, einen feierlichen Gottesdienst abzuhalten und die Freude in einem Festmahl weiterklingen zu lassen.

Die erste Weihe einer Kirche auf deutschem Boden, die urkundlich belegt ist, war die Weihe des Gotteshauses von Heidenheim am Hahnenkamm durch Bischof Willibald von Eichstätt im Jahre 779. Hier hatten seine Schwester Walburga und sein Bruder Wunibald ein Doppelkloster gegründet, das segensreich bei der Missionierung der heidnischen Germanen im mittelfränkischen Raum wirkte. Es hat natürlich schon früher Kirchenbauten gegeben, aber für ihre Weihe, wie etwa den Dom von Augsburg, gibt es keine schriftlichen Zeugnisse. In Heidenheim wurde dank der klösterlichen Tradition der Kirchweihtag seit 779 alljährlich gefeiert. Er hat sogar die Reformation, die staatlichen Eingriffe und kirchlichen Weisungen des 18. Jahrhunderts unbeschadet überstanden und wird bis heute am ersten Wochenende im Mai gefeiert.

Die Kirche war der Stolz jeder Gemeinde. Alle halfen mit, wenn eine Kirche gebaut wurde, sei es mit einer Spende, sei es durch die Mithilfe beim Frondienst, sei es durch handwerkliches Können. Nur so war es möglich, romanische Basiliken, gotische Kathedralen und barocke Prachtkirchen zu erbauen. Glaube und Kunst, Fleiß und Opferbereitschaft haben ein „Stück Himmel auf Erden" geschaffen. Das schönste Gebäude eines Ortes, das nicht nur durch seinen Turm den Ort überragte, sollte die Kirche sein. Unvergessen blieb es durch Generationen, an welchem Tag der Bischof durch die Konsekration der Kirche das Gebäude in den Dienst Gottes stellte.

Mit der Weihe des Gebäudes wurde es dem weltlichen Gebrauch entzogen. So praktisch es gewesen wäre, hier den Markt abzuhalten, Bürgerversammlungen durchzuführen, Empfänge zu veranstalten, zum Tanz aufzuspielen, niemand wäre auf die Idee gekommen, die heilige Stätte dafür zu beanspruchen. Man dachte an die Tempelreinigung durch Jesus. Christus wollte die Händler und Schacherer mit ihren Geschäften aus dem heiligen Bereich verbannt wissen. Daran hielt man sich, auch wenn man nichts dagegen hatte, dass sich gerade am Tag der Kirchweih vor dem Gotteshaus fliegende Händler einfanden, die Süßigkeiten und Andachtsgegenstände zum Verkauf anboten.

Da man bis zum Ende des 18. Jahrhunderts die Kirchweih an dem Tag feierte, an dem der Bischof den Ort besucht hatte, um die Kirche zu weihen, bedeutete die Verlegung aller Kirchweihen auf einen einzigen Sonntag, dem 3. Sonntag im Oktober, für die Händler einen gewaltigen Geschäftsverlust. Aber nicht nur die Händler beklagten die von Bischöfen und Kaiser Josef II. verfügte Kirchweihverordnung, sondern auch die Jugend. Hatte man früher von Ostern bis zum Advent immer wieder Gelegenheit, auf eine Kirchweih zu gehen, gut zu essen, zu trinken und zu tanzen, so musste man nun darauf verzichten.

Die weltliche und kirchliche Obrigkeit hat bei ihren Sparbeschlüssen freilich zu wenig beachtet, dass die Feier der Kirchweih den Zusammenhalt von Familien und Sippen, auch die Begegnung zwischen den Dörfern, zwischen Stadt und Land förderten. Natürlich hat sich ein Rest der einstigen Kirchweihfestlichkeit erhalten. Vom Turm der Kirche weht nach wie vor die Kirchweihfahne, die „Zachäus" genannt wird. Beim Gottesdienst wird auf Feierlichkeit Wert gelegt. Der Kirchenchor singt und mit Weihrauch wird nicht gespart. Manche Gans muss zu Kirchweih ihr Leben lassen, denn zu einem Fest gehört nach wie vor ein Festmahl. Die Kirchweihküchle dürfen dabei freilich nicht fehlen. Die Blasmusik gibt, wie in Mindelzell, ein Konzert oder spielt abends zum Tanz auf. Da und dort gibt es, wie in Balzhausen, sogar eine „Burschenversteigerung".

Vieles hat sich im Lauf der Zeit geändert, geblieben ist der Stolz auf unsere schönen Kirchen und die Bereitschaft mitzuhelfen, das heimatliche Gotteshaus zu erhalten. Dass sich eine Kirchweih auch am Tag ihrer Weihe feiern lässt und mit einer ganzen Festwoche verbunden werden kann, erlebt man immer häufiger.

Der heilige Martin und seine Gans
Warum am Martinstag die Gänse ihr Leben lassen müssen

Auf den Martinstag freuen sich vor allem die Kinder. Mit ihren bunten Lampen ziehen sie zur Kirche, singen frohe Lieder und hören die Geschichte vom heiligen Martin, der mit dem Bettler seinen Soldatenmantel teilte. Im Traum erscheint ihm Jesus. Er ist bekleidet mit der Mantelhälfte, die Martin dem Bettler geschenkt hat. Die Nächstenliebe steht ganz groß über dem Martinstag.

Freilich nicht alle können sich auf den Martinstag freuen. Die Gänse mögen diesen Tag ganz und gar nicht, denn ihnen geht es an den Kragen. Mehrere Gründe werden dafür angeführt. Am bekanntesten ist folgender: Als in Tours 371 der Bischof gestorben war, sind die Priester des Bistums nach der Beerdigung zusammengekommen, um einen Nachfolger zu wählen. Martin merkte, dass die Wahl auf ihn zulief. Da verließ er kurzerhand die fromme Versammlung und wollte sich verstecken. In der Eile hatte er sich einen Gänsestall als Unterschlupf ausgesucht. Die Gänse erhoben lauthals Protest gegen den ungebetenen Besucher. Ihr aufgebrachtes Geschnatter verriet das Versteck Martins. Die Wahlversammlung eilte zum Gänsestall und teilte ihm mit, dass die Wahl auf ihn gefallen sei. Zur Strafe, weil sie ihn verraten hatten, mussten die Gänse dran glauben und sie wurden beim Festmahl nach der Bischofsweihe von den Festgästen verzehrt.

Ein anderer Grund, warum Gänse am Martinstag im Bratentopf landen, ist ihr störendes Geschnatter. Bischof Martin, der es verstand, die Menschen für Christus zu begeistern und landauf landab die Frohe Botschaft verkündigte, wurde einmal bei seiner Predigt so nachhaltig von schnatternden Gänsen gestört, dass er die Predigt unterbrach und dafür sorgte, dass sie endgültig zum Schweigen gebracht wurden. Es ist nicht überliefert, ob er die Predigt anschließend fortsetzte oder ob sich die

Hörer gleich an die Zubereitung der Gänse gemacht haben und sich den Braten schmecken ließen, zu dem ihnen der heilige Martin verholfen hat.

Manche freilich meinen, man habe dem heiligen Martin, dessen Verehrung die Franken überallhin ausbreiteten, nur deshalb eine Gans als Symbol beigegeben, weil sein Name auf den römischen Kriegsgott Mars zurückgeht. Mars aber hat als Symbol neben dem Schwert die Gans. Gänse können sowohl im Angriff wie in der Verteidigung Glanzleistungen vollbringen. Die Römer hielten überhaupt viel von Gänsen. Das römische Kapitol, in dem die ganzen Staatsdokumente aufbewahrt wurden, ist einmal im letzten Augenblick durch schnatternde Gänse davor bewahrt geblieben, dass Feinde es in Brand stecken konnten. Seither hatten die Gänse auf dem Kapitol das Paradies auf Erden. Keine einzige landete im Backofen, aber überlebt hat auch keine. Mit dem Untergang Roms endete dieses Paradies. Es ist nicht bekannt, dass die Amerikaner auf ihrem Kapitol in Washington ein Gänseparadies eingerichtet haben. Sie setzen mehr auf ihren Geheimdienst.

Früher begann nach dem Martinstag in den Klöstern das vorweihnachtliche Fasten. Ähnlich wie man sich auf Ostern durch eine Fastenzeit vorbereitet, so hielt man es auch mit Weihnachten. Damit verschwanden alle Fleischspeisen vom Speisezettel. Auch Fett, Schmalz, Eier gab es nicht mehr. Deshalb hat man sich an all den guten Dingen noch einmal richtig satt gegessen, um dann für die Fastenzeit gerüstet zu sein. Die Gänse wurden auch deshalb geschlachtet, weil sie draußen kein Futter mehr fanden und man sie nicht über den Winter durchfüttern wollte, nicht zuletzt aber, weil sie zu diesem Zeitpunkt am schmackhaftesten waren. Die Martinsgans war schließlich auch ein Zahlmittel. Man zahlte seine Abgaben an Adel und Geistlichkeit häufig in Naturalien. Die Gans war die Währung des kleinen Mannes. Aus den Federn wurden dann die Gänsekiele gewonnen, mit denen man schrieb, und die Federbetten, in denen sich der Winter gut überstehen ließ.

Nicht alle konnten sich eine Gans leisten. Nicht in jedem Haus brutzelte am Martinstag eine Gans im Bratenrohr. Die armen Leute, Vegetarier wider Willen, machten sich Schmalzgebackenes oder sie formten Martinsgänse aus Teig und ließen sich ihre „Martinsgänse", von denen man getrost mehr als eine essen konnte, schmecken.

Der Allerseelenzopf

Es war schon immer eine besondere Ehre, von den Eltern eines Kindes für das Patenamt ausersehen zu sein. Das „Dodle", wie man im Schwäbischen sagt, durfte das Kind auch aus der Taufe heben und diese Ehre ließ man sich gerne etwas kosten. So schenkte der Taufpate dem Kind einen silbernen Löffel oder einen wertvollen Tauftaler.

Die Beziehung zum Patenonkel oder der Patentante war von jeher besonders eng und dies nicht so sehr, weil die Kirche den Paten ein hohes Maß an Verantwortung für das künftige Leben des Täuflings anvertraute, sondern weil man vom Dodle zu bestimmten Anlässen, wie zum Namenstag oder auf Weihnachten, ein kleines Geschenk erhielt, denn bekanntlich erhalten kleine Geschenke die Freundschaft. Das „Laudate", das Gebet- und Gesangbuch zur ersten heiligen Kommunion, mit der Widmung „von Deiner Patin", die Sammeltassen zu den Festtagen gehörten zu den üblichen Geschenken und nicht zu vergessen: der „Allerseelenzopf" oder in anderen Gegenden der „Allerseelenwecken".

Man fragt sich natürlich, woher kommt der Brauch, denn dass man zu besonderen Festtagen ein Geschenk bekommt, ist klar, aber am Gedenktag für die Verstorbenen den Patenkindern einen „Allerseelenzopf" zu schenken, scheint seltsam und ist es doch wieder nicht.

Wenn am Allerseelentag der Pfarrer drei heilige Messen feierte, was ihm einst nur noch an Weihnachten erlaubt war, sollte das Patenkind, wenn sein Dodle einmal in der Ewigkeit sein würde, seiner im Gebet gedenken. Der Allerheiligenablass, der gewonnen werden kann und den Verstorbenen zugewendet wird, war ein weiterer Grund, sich in gutem Andenken bei seinem Patenkind zu halten. Der Allerselenzopf war also ein Stück Vorsorge für das Jenseits und sicher ist kein Dodle beim Seelengottesdienst und beim Allerseelenrosenkranz vergessen worden, denn früher war man froh, wenn man sich täglich sattessen konnte, und ein Stück Zopfbrot gehörte schon zu den Leckerbissen, die Seltenheits-wert hatten.

Vom Dodle heute wird natürlich viel mehr erwartet: Geburtstag, Namenstag, Weihnachten, Ostern, Volksfest soll es seinen Geldbeutel öffnen und die Geschenke werden immer größer. Allerseelen wird wohl nur mehr bei wenigen als Anlass gesehen, seinem Patenkind, das ohne-hin mit Naschereien verwöhnt ist, einen Allerseelenzopf zu schenken ,und wer ihn schenkt, kann nicht einmal sicher sein, dass er damit eine Freude auslöst. Ob der Gedanke an Tod und Ewigkeit nicht allzu sehr aus unserem Bewusstsein geschwunden ist?

Bischof Nikolaus ist mehr als ein Weihnachtsmann
Er ist ein Verkünder der Frohen Botschaft

Mit dem Martinstag endete im Mittelalter die Zeit der festlichen Schmausereien. Die Martinsgans war noch einmal ein Höhepunkt auf dem Speisezettel, doch dann war Schmalhans Küchenmeister. Wie man sich auf Ostern, das Fest der Auferstehung Jesu, durch eine vierzigtägige Fastenzeit vorbereitete, so hielt man es auch mit Weihnachten, dem Fest der Geburt Christi. In dem Einerlei der Mehlspeisen, der Fastensuppen und des Haferbreis gab es nur eine Ausnahme: den Nikolaustag.

Der Besuch des heiligen Bischofs war für die meisten Kinder ein Freudentag. Zwar wurde zunächst der Katechismus und die gelernten Gebete abgefragt, auch das Gewissen erforscht, aber nachdem Lob und Tadel ausgesprochen waren, leerte der fromme Mann seinen Sack auf den Stubenboden und es fielen alle Köstlichkeiten heraus, die einem das Wasser im Mund zusammenlaufen ließen: Nüsse und Äpfel, daneben süßes Backwerk. Es war wie ein Gruß aus dem Paradies. Es gab ja weder Orangen noch Mandarinen, keine Schokoladenherrlichkeiten und all die schmackhaften Dinge, mit denen Kinder heutzutage verwöhnt werden. Die Freude war deshalb nicht geringer, eher im Gegenteil. Besonders freuten sich die Kinder über die Nüsse, die der Nikolaus brachte. Mancherorts erhielt der adventliche Gabenbringer auch den Namen „Nussmärtel", weil man, wie es Martin Luther empfahl, Abschied von den Heiligen nehmen wollte. Allerdings steckt auch im „Märtel" noch der Martin und wer denkt da nicht an den heiligen Martin von Tours, der seinen halben Mantel an einen Bettler verschenkte?

Wer aber war der heilige Nikolaus? Nikolaus lebte im 4. Jahrhundert. Er war Bischof von Myra, einer kleinen Stadt im damaligen Kleinasien, der heutigen Türkei. Er nahm am Konzil von Nicaea teil, auf dem Arius verurteilt wurde und man den Glauben an Jesus, den menschgewordenen Gottessohn, als die wahre Lehre der Kirche verkündete. Jesus, wahrer Gott und wahrer Mensch. „Licht vom Licht, wahrer Gott vom wahren Gott. Gezeugt nicht geschaffen. Eines Wesens mit dem Vater." So bekennen wir es bis zum heutigen Tag. Bischof Nikolaus setzte seine Unterschrift unter die Erkärung des Konzils. Damit hat sich das, was wir sicher von ihm wissen, auch schon fast erschöpft. Wenn wir wissen, dass er ein Bischof war, dann ergibt sich daraus, dass er in der Nachfolge der Apostel stand. Wie jeder Bischof hatte er die Aufgabe, die frohe Botschaft von Jesus, dem Gekreuzigten und Auferstandenen, zu verkünden. Als guter Hirte wollte er für die Armen und Kranken sorgen. Alle Notleidenden schätzten seine offene Hand.

Viele Geschichten erzählen vom Wirken des heiligen Nikolaus. Allen diesen Legenden ist eines gemeinsam: Nikolaus hatte ein Herz für andere. Darunter ist die Geschichte von den drei Jungfrauen, die gerne geheiratet hätten, aber das Geld für die Mitgift nicht aufbringen konnten. Es wäre für einen Bischof ja durchaus nahegelegen, ihnen zu empfehlen, ins Kloster zu gehen, aber Nikolaus wusste sehr wohl, dass es dazu eine Berufung braucht, und ebenso wusste er, wie wichtig gute Ehefrauen und christliche Mütter sind, deshalb schenkte er den Dreien drei Goldklumpen, die sie aller Not enthoben. Dass er dies anonym tat nach dem Motto: „Die rechte Hand soll nicht wissen, was die linke tut", muss ihm besonders hoch angerechnet werden. Die Maler haben deshalb den heiligen Nikolaus immer gerne mit drei Goldklumpen auf einem Buch dargestellt. Die Goldklumpen sind im Lauf der Jahrhunderte immer kleiner geworden und schließlich waren es nur mehr drei goldene Nüsse.

Die Nüsse sind sehr symbolträchtige Früchte. Die harten Schalen bergen einen wohlschmeckenden Kern. Das menschliche Leben kann durchaus hart sein, aber wer es meistert, der dringt zum Kern vor, der gewinnt das ewige Leben in der Anschauung des lebendigen Gottes. Uns sind solche symbolischen Bilder, wie sie unsere Vorfahren schätzten, ziemlich fremd geworden. Und welche Kinder sind noch bemüht, die

Nüsse zu öffnen, dass sie das Gehäuse in seinen beiden Teilen haben, aus denen der Kern gelöst wird? Was haben Kinder mit den Nussschalen nicht alles angefangen! In Ermangelung anderer Spielsachen wurden sie als Boote und Segelschiffe verwendet. Sie mussten als Transporter herhalten, um das Material für den Straßenbau herbeizuschafffen. Der Phantasie waren keine Grenzen gesetzt: Als Schafe und Kühe, als Ritter und Prinzessinnen konnten diese unscheinbaren Nussschalen auftreten. Da war es dann auch keine Überraschung mehr, wenn im Märchen eine verzauberte Prinzessin aus einer Nuss ein kostbares Kleid hervorholte.

So vieles hat sich verändert, aber immer noch singen die Kinder:
„Lasst uns froh und munter sein
und uns heut im Herrn erfreun!
Lustig, lustig, trallala,
bald ist Nikolausabend da."

Die Wünsche an den Nikolaus sind zwar größer geworden, als sie im Lied formuliert werden: „Bring mir, was ich hätt so gern: Äpfel, Nüss und Mandelkern!", aber wenn nicht alles täuscht, werden nicht nur die Kinder in Zukunft mit Wünschen bescheidener werden und Phantasie wieder gefragt sein. Die Zeiten überdauern wird freilich der heilige Nikolaus als Gabenbringer, selbst wenn man aus ihm da und dort einen Weihnachtsmann zu machen versucht.

Sonne, Mond und Sterne
Die Weihnachtsfreude geht durch den Magen

Wenn die Kinder am Martinstag ihr Laternenlied singen, dann ziehen sie durch die dunkle Nacht und singen: „Laterne, Laterne, Sonne, Mond und Sterne". Die Tage werden immer kürzer und die Sehnsucht nach der Sonne wird größer. Die Wende tritt erst mit dem 25. Dezember ein. Die Sonne gewinnt Kraft. Die Tage werden länger.

Die Römer feierten an diesem Tag das Fest des „Sol invictus", des unbesiegbaren Sonnengottes. Damit war Mithras gemeint, eine persische Gottheit, deren Kult sich im römischen Weltreich so stark ausgebreitet hatte, dass Kaiser Aurelian ihn 274 zur Staatsreligion erhob. Die Christen setzten dem Sonnengott Jesus Christus entgegen. Er ist die wahre Sonne. Er ist das Licht der Welt. Ein Kirchenvater schreibt: „Wir halten diesen Tag heilig, nicht wie die Heiden, wegen der Geburt der Sonne, sondern um dessentwillen, der die Sonne gemacht hat." Zu einem Fest gehören Lieder und frohe Weisen, zu einem Fest gehören auch gutes Essen und Trinken. Nicht nur die Liebe geht durch den Magen, sondern auch die Freude. Man möchte sich die Sonne gleichsam ins Herz holen, wenn man nach sonnenförmigem Gebäck greift. Auch die Hostien, die bei der Feier der heiligen Messe verwendet werden, haben diese Form. In der heiligen Wandlung werden sie zum Leib Christi und in der heiligen Kommunion zur Speise für das ewige Leben. Die runden Loibla, die an Weihnachten auf den Tisch kommen, wollen die Sehnsucht nach dem Brot des Lebens wecken.

Sonne und Mond werden immer in einem Atemzug genannt. Der Mond empfängt sein Licht von der Sonne. Er erhellt das Dunkel der Nacht. Der Mond verändert sich ständig. Nicht immer ist Vollmond. Der Mond nimmt ab. Der Mond nimmt zu. Die Römer verehrten eine Mondgöttin, das verbindet sie mit den Naturvölkern, die gleichfalls dem

Mond göttliche Ehren zukommen lassen. Der Beter des Alten Testamentes erkennt im Mond ein Geschöpf Gottes. Gott hat ihn am 4. Tag geschaffen: „Du hast den Mond gemacht als Maß für die Zeiten, die Sonne weiß, wann sie untergeht" (Ps 104,18). Der Psalmist sieht hinter allem den Schöpfer, den Sonne, Mond und Sterne loben (Ps 148,3). Wo die Sonne genannt wird, darf der Mond nicht fehlen. Wenn Christus als die wahre Sonne gefeiert wird, dann fällt sein Licht auch auf die Mutter, auf Maria. Sie ist die Frau, die in der Offenbarung des Johannes in einem großartigen Bild geschildert wird: als Frau bekleidet mit der Sonne, den Mond zu ihren Füßen, zwölf Sterne um ihr Haupt. Zu Weihnachten gehört Maria. Der Sohn ist nicht ohne die Mutter denkbar, deshalb dürfen beim Weihnachtsgebäck nicht die halbmondförmigen Köstlichkeiten fehlen. Das Abnehmen und Zunehmen des Mondes lässt sich deuten als „Ich muss abnehmen, er aber zunehmen". Johannes der Täufer meint damit, dass es auf Jesus ankommt und nicht auf ihn. Abnehmen oder Zunehmen – vor diese Frage sieht sich in der Weihnachtszeit fast jeder gestellt. Die Entscheidung fällt in der Regel für das Zunehmen. Die Fastenzeit ist für das Abmehmen bestimmt und dann kommt Johannes der Täufer zum Zug. In der Weihnachtszeit darf man zunehmen, vor allem aber sollte man zunehmen an Liebe, an Liebe zu Gott und den anderen. Wenn uns das gelingt, dann gleichen wir den Sternen, die gleichfalls helfen, die Finsternis ein wenig aufzuhellen.

Zu Weihnachten gehört der Stern. Er geht über dem Stall von Betlehem auf und führt die Weisen aus dem Morgenland hin zum Kind in der Krippe. An Abraham erging die Verheißung, dass seine Nachkommen so zahlreich sein werden wie die Sterne am Himmel. Die Kirchenväter sehen nicht nur in den leiblichen Nachkommen Abrahams diese Verheißung erfüllt, sondern auch in allen Getauften. Jeder Jude und jeder Christ kann damit zu den Sternen gezählt werden, die dem Abraham verheißen wurden, wenn er glaubte. Abraham hat geglaubt. Die Verheißung hat sich erfüllt. Die Nazis haben die Juden einen gelben

Stern tragen lassen, um sie als Menschen zweiter Klasse abzustempeln. Der Stern, ein Symbol der Hoffnung, wurde zum Symbol des Todes. Der Stern führte nicht nach Betlehem, sondern nach Auschwitz und Treblinka. Sterne gehören zur Weihnachtsbäckerei. Sie möchten uns an unsere Berufung unter die Kinder Abrahams erinnern und zum ewigen Leben. Sterne sind am Himmel. Gottes Erwählte, die Heiligen, aber sind im Himmel. Zu diesen Heiligen gehört wohl auch jener Jude, der im Ghetto von Warschau an eine Wand schrieb: „Ich glaube an die Sonne, auch wenn sie nicht scheint. Ich glaube an Gott, auch wenn ich ihn nicht sehe."

Das Fatschenkindlein stand Pate beim Christstollen

Der Dichter Heinrich Waggerl hat wie selten einer die Atmosphäre des Advents eingefangen, wenn er erzählt, dass der Advent zwar"die stille Zeit" genannt werde, aber nie sei es in der Küche der Mutter so explosiv zugegangen wie in der vorweihnachtlichen Zeit. Mit hochrotem Kopf, wie mit Sprengpulver geladen, habe die Mutter ein strenges Regiment geführt und die Arbeit beim Teigrühren verteilt.

Waggerl nennt den Advent „die Zeit der köstlichen Gerüche", bei denen einem das Wasser im Mund zusammenläuft. Der Duft der Kerzen, der Tannenzweige, der Bratäpfel und nicht zuletzt der Lebkuchen sowie des Stollens lassen nicht nur Kinderherzen höherschlagen. Dass es beim Backen der Plätzchen und des Christstollens um eine geradezu religiöse Handlung geht, wusste die Mutter Heinrich Waggerls noch, denn sie hatte alle Rezepte mit Gebeten verbunden. So musste das Fett vier Vaterunser lang gerührt werden, die Eier drei Vaterunser lang, Mehl und Zucker gar einen ganzen Rosenkranz, wobei alle Gebete laut und langsam zu verrichten waren. Das laute Beten hatte den Nachteil oder Vorteil – je nach Betrachter –, dass man nicht zum Teigschlecken kam. Waggerl bekennt sich zu seinem Kindheitstraum, einmal eine ganze Teigschüssel ausschlecken zu dürfen, während die Köchin zuschauen muss.

Heute käme wohl niemand mehr auf die Idee, die Zeitangaben der Rezepte bei der Weihnachtsbäckerei in Vaterunsern und Rosenkränzen anzugeben oder auf den Gedanken, dass der Christstollen etwas mit dem Jesuskind zu tun haben könnte, und doch ist es so. In den Frauenklöstern des Mittelalters entstand das Rezept, zu dem Butter und Mehl, Sultaninen und Mandeln, Zitronat und Orangat, Arrak und Zucker gehören. Der Stollen, so heißt es in einem Kochbuch des 19. Jahrhunderts, „ist kein Kuchen mehr zu nennen, es ist eine schiere Leckerei. Jedoch gemengt, geformt, gebacken ist der Christstollen noch ein unfertiges

Kindlein. Mit zerlassener heißer Butter wird er betaut und getränkt, Zucker vanilleduftend sinkt wie Schneeflocken auf ihn nieder, bis er das ganze Haus durchduftet."

Zu Weihnachten haben die Klosterfrauen das Fatschenkindlein in die Krippe ihres Kirchleins gelegt und sich den Stollen schmecken lassen. Das enggeschnürte Kindlein und der Stollen als Sinnbild des „gewickelten Christkindes" gehörten für sie zusammen. Das Fatschenkindlein konnte man anschauen, es herzen und wiegen. Der Christstollen ließ die himmlische Seligkeit verkosten. Da die frommen Frauen bereitwillig Stücklein von ihrem Stollen verschenkten, um auch andere an der Weihnachtsfreude teilnehmen zu lassen, baten Gönner der Klöster um das Rezept. Sie taten es nicht, ohne Gehör zu finden. Auf diese Weise wurde der Christstollen schließlich zu einem Leckerbissen, auf den man sich in den Familien schon lange vor Weihnachten freute.

Seit 1329 hatten die Naumburger Bäcker ihrem Bischof alljährlich zum Christfest zwei große Stollen kostenlos zu liefern. Damit wurde der Christstollen aktenkundig. Ein Problem allerdings tauchte auf. Da der Advent damals ähnlich wie die Zeit vor Ostern Bußcharakter hatte, wie an der violetten Kirchenfarbe zu sehen ist, durfte keine Butter für die Backwaren verwendet werden. Nur Öl war erlaubt. Aus diesem Grund erbat der sächsische Kurfürst vom Papst die Erlaubnis, für den Christstollen, der bereits im Advent gebacken werden muss, Butter nehmen zu dürfen. Der Papst erwies sich recht gut informiert, wenn er in seinem Antwortschreiben das Butterverbot für den Stollen mit folgenden Worten außer Kraft setzte: „Sintemalen nun, … dass in Euren Herrschaften und Landen keine Ölbäume wachsen und dass man des Öles nicht genug, sondern viel zu wenig und nur stinkend habe, das man dann teuer kaufen muss oder solches Öl allda habe, das man aus Rübensöl macht, das der Natur zuwider und ungesund, durch dessen Gebrauch die Einwohner der Lande in mancherlei Krankheit fallen. Also sind wir Eurer Bitte geneigt und bewilligen in päpstlicher Gewalt, dass Ihr Butter anstatt des Öles ohne Buße frei und ziemlich gebrauchen möget." Diese päpstliche Erlaubnis machte den „Dresdner Stollen" zum Inbegriff einer Weihnachtsspezialität.

Aber auch die Freiburger erbaten sich die Dispens. Sie wurde bereitwillig 1491 erteilt. Jedoch musste jeder, der einen Stollen zu Weihnachten backen wollte, einen angemessenen Betrag zum Bau des Freiburger Münsters stiften. Die Einnahmen seien, wie überliefert wird, reichlich geflossen. Wer wollte auch auf diese Köstlichkeit verzichten, in die Bäcker und Hausfrauen viel Zeit und Mühe stecken. Der Teig erfordert viel Ruhe, damit er „richtig geht". Dann muss er gut durchgeknetet werden. Die Zutaten brauchen Zimmerwärme. Zuletzt wird der Teig in zwei Hälften geteilt und auf dem Backblech in der Form eines Wickelkindes zusammengefügt. Gebacken wird der Christstollen im Advent, angeschnitten aber erst am Heiligen Abend.

Den Himmel kann man schmecken
Von Mandeln und Marzipan

Der Advent ist die Zeit der guten Gerüche. Sie gehören zur Vorbereitung auf Weihnachten. Die Hausfrauen holen die alten Rezepte aus ihrer Schublade und dann enstehen die süßen Sachen, die jedem, der sie einmal verkostet hat, das Wasser im Mund zusammenlaufen lassen. In früheren Zeiten musste man bis zum Heiligen Abend warten, erst dann konnte man die Herrlichkeiten der Backkunst genießen. Einzig der Nikolaustag bescherte bereits „Äpfel, Nüss und Mandelkern".

Während Äpfel und Nüsse bei uns wachsen, benötigen die Mandeln ein wärmeres Klima. Den Israeliten war der Mandelbaum ein vertrautes Gewächs. Nach seinen wohlschmeckenden Früchten griff man gerne. Man zierte mit Mandeln die Rosinenkuchen und verwendete die bitteren Mandeln als Gewürz. Im Alten Testament wird folgende Begebenheit berichtet: Bei ihrem Zug durch die Wüste haben die Israeliten immer wieder gegen Gott gemurrt und Mose das Leben schwer gemacht. Nach dem Aufstand Korachs verschlang die Erde den Rebellen samt seiner Anhängerschaft. Nur das Flehen von Mose und Aaron konnte die Vernichtung des ganzen Volkes verhindern. Gott wollte nun durch ein Zeichen klarmachen, wem die Führung seines Volkes anvertraut ist. Mose erhielt den Auftrag, von jedem Stamm einen Stab, auf dem der Name des Stammesältesten eingeritzt sein sollte, zum Heiligen Zelt zu bringen. Auf dem Stab des Stammes Levi wurde der Name Aarons auf Gottes Geheiß angebracht. „Der Stab dessen, den ich erwähle, wird Blätter bekommen. So will ich das Murren zum Schweigen bringen" (Num 17,20). Mose legte nun die Stäbe im Heiligen Zelt nieder. Als Mose am nächsten Morgen das Heiligtum betrat, „da war der Stab Aarons grün geworden. Er trieb Zweige, blühte und trug Mandeln" (Num 17,23). Jeder Stamm bekam seinen Stab zurück, der Stab Aarons aber kam in die Bundeslade „als Zeichen für alle Auf-sässigen" (Num 17,25).

Die Mandeln sind also nicht nur wohlschmeckend, sie sind für das Volk Gottes auch ein Zeichen der Liebe Gottes. Der jüdische Schriftstel-ler Schalom Ben Chorin (+ 1999) hat die Verse geschrieben: „Freunde, dass der Mandelzweig wieder blüht und treibt, ist das nicht der Finger-zeig, dass die Liebe bleibt … Freunde, dass der Mandelzweig sich in Blü-ten wiegt, bleibe uns ein Fingerzeig, wie das Leben siegt." Die Mandeln erinnern an den Zug durch die Wüste und Gottes Fürsorge, die das Volk Israel am Leben erhält. Die süßen Mandeln lassen sich verstehen als die Zuwendung Gottes, die es erfahren hat im Wasser aus dem Felsen und im Manna. Die bitteren Mandeln erinnern an den Tanz um das Goldene Kalb, an den Tod durch die Schlangen und den Untergang der Rotte Ko-rachs. Die süßen Mandeln werden zum Sinnbild von Gottes Liebe und die bitteren Mandeln zum Abbild der Undankbarkeit und Unzufrieden-heit. Die Mandeln erinnern an den Advent des Volkes Gottes und wer-den dadurch mahnende Prediger für den Advent unseres Lebens.

Die Mandeln haben auch noch eine weitere Bedeutung, denn als gemahlene Mischung von süßen und bitteren Kernen ergeben sie eine besondere Köstlichkeit: das Marzipan. Man empfindet es geradezu als einen Vorgeschmack der himmlischen Seligkeit. Wir haben es also nicht nur mit einer Mahnung zu tun, sondern auch mit einer Verheißung. Wenn daher die Mandeln beim Weihnachtsgebäck eine so große Rol-le spielen, dann hat das seinen Grund in der himmlischen Freude, die wir verspüren, geradezu schmecken dürfen. Die Liebe geht bekanntlich durch den Magen. Weihnachten ist ein Fest, das alle Sinne ergreift. Es ist ein Fest der Augen, der Ohren, der Nase, des Mundes, der Hände. Gott wird Mensch, das sollen wir erfassen. „Das Wort ist Fleisch geworden und hat unter uns gewohnt", so schreibt Johannes in seinem Prolog und wir müssen es mit all unseren Sinnen begreifen und mit unserem Herzen glauben.

Die Mandeln öffnen den Blick für den Himmel. Ihre ovale Form möchte Vollkommenheit andeuten. Die Künstler der frühen Christenheit haben deshalb für die Himmelfahrt Jesu gerne die Mandorla, eine Mandelform, als Rahmen gewählt, aber ebenso für Darstellungen Mariens mit dem Jesuskind. Die Ikonenmaler verwenden bei Jesus und Maria gerne einen ovalen Heiligenschein. Als man in der Barockzeit nach der idealen Bauform für eine Kirche suchte, die Längsbau und Zentralbau vereint, da hatte Dominikus Zimmermann die geniale Idee des Ovalbaus, den er in der Wieskirche, einem Himmel auf Erden, verwirklichen konnte.

Das Marzipan soll seinen Namen von einer byzantinischen Münze bekommen haben, die einen thronenden Christus in der Mandorla eingeprägt hatte. Man nannte das Geldstück „manthaban". Die Venezianer, die mit Byzanz Handel trieben, verkürzten es zu „mataban". Ein Mataban war der Preis für eine Schachtel Süßigkeiten. Daraus wurde dann Marzipan als Bezeichnung für den Inhalt. Das wissen aber nur die Historiker. Deswegen schmeckt das Weihnachtsgebäck mit Mandeln und Marzipan nicht weniger gut. Vielleicht sollte man beim Genießen der Köstlichkeiten daran denken, dass man es mit einem Vorgeschmack des Himmels zu tun hat, den Jesus uns durch seine Menschwerdung geöffnet hat.

Etwas für die reichen Leute
Zimtsterne

In der Vorweihnachtszeit kramen die Hausfrauen in ihren Rezepten und es geht ans Loibla-Backen. Der Dichter Heinrich Waggerl beschreibt in seinen Adventsgeschichten diesen Vorgang als ein geradezu religiöses Geschehen, denn seine Mutter ließ die Kinder, die den Teig rühren durften, laut beten. Alles war in soundsoviel „Vaterunser" und „Gegrüßet seist du, Maria" eingeteilt. In Zeiten elektrischer Haushaltsgeräte braucht kein Kind mehr beim Rühren helfen, aber dafür bereitet das Schüsselausschlecken auch keinen solchen Hochgenuss.

Die Loibla gab es, und da und dort wird es heute noch so gehalten, erst am Heiligen Abend. Das hat nicht nur Kinder, sondern auch Väter zum Naschen verführt. Die Mutter brauchte schon ein gutes Versteck, damit die gebackenen Köstlichkeiten nicht die Schwindsucht bekamen. Bei meiner Großmutter waren die Zimtsterne besonders gefährdet. Aus Zucker und Zimt, Nüssen und Eiweiß hergestellt, vergingen sie einem auf der Zunge. Zucker und Zimt machten während des Jahres den Grießbrei, mehr noch den Reisbrei erst genießbar.

Zimtsterne waren in vergangenen Zeiten ein Gebäck, das sich nur reiche Leute leisten konnten. Ein Kilo Zimt hatte 1530 einen Wert von tausend Mark. Man musste ihn aus Ceylon einführen. Die Portugiesen besaßen das Monopol. Zimt fand bereits bei den Griechen Verwendung und spielte in der Medizin eine Rolle. Man verwendete ihn als krampflösendes Mittel und verfeinerte damit den Wein. Bei den Opfern im Tempel verbrannte man Zimtrinde, die mit ihrem Duft das Heiligtum erfüllte. Kaiser Vespasian, der für seine Sparsamkeit bekannt war, ließ Zimtkränze zum Dank für errungene Siege in den Tempeln aufhängen. Die mittelalterlichen Ärzte setzten Zimt bei Magenleiden ein. An Zimt wurde gut verdient. Mit Zimthandel konnte man reich werden.

Wer aber reich ist, möchte gerne noch reicher werden, deshalb streckte man den Zimt, indem man den wesentlich billigeren und nicht so geschmackvollen Kassiazimt, der in Hinterindien und Südchina wild wächst, beimischt. Der Rat der Stadt Nürnberg setzte deshalb Ende des 15. Jahrhunderts einen eigenen Gewürzprüfer ein, denn nicht nur beim Zimt wurde betrogen, sondern auch bei anderen Importartikeln wie Pfeffer, Nelken und Safran. Die reiche Handelsstadt Nürnberg wollte ihren guten Ruf nicht aufs Spiel setzen.

1589 verlor Portugal Ceylon und die Insel wurde holländische Kolonie. Die Holländer bauten den Zimthandel noch aus. Jeder Zimtbaum wurde registriert. Bis zu 300 Kilogramm musste ein Zimtschäler im Jahr abliefern und erhielt dafür lediglich eine Handvoll Reis. Kein Ceylonese durfte einen Zimtbaum besitzen. Alle gehörten den Holländern. Wer sich gegen dieses Gesetz verging und etwas für den eigenen Bedarf abzweigte, musste mit dem Todesurteil rechnen. Die Ausbeutung durch die Holländer endete 1802 mit dem Frieden von Amiens. Damals wurde Ceylon englische Kolonie. Die Engländer verhielten sich kaum besser als die Holländer. Dies ist inzwischen jedoch Vergangenheit. Der Kolonialismus hat nach dem II. Weltkrieg mit dem Unabhängigkeitsstreben der Afrikaner und Asiaten sein Ende gefunden. Zimtplantagen gibt es heute in China, auf Sumatra, Java und Borneo. Das hat den Preis fallen lassen. Experten sind jedoch nach wie vor der Ansicht, dass kein Zimt besser ist als der von Sri Lanka, dem einstigen Ceylon.

Wer in den Weihnachtstagen nach einem Zimtstern greift, denkt vielleicht eher daran, ob die schmackhafte Leckerei sein Gewicht erhöht als an die Kulturgeschichte des Zimt. Aber vielleicht sollte man nicht vergessen, dass ein solches Gebäck in der „guten alten Zeit" nur in vermögenden Familien auf dem Weihnachtsteller lag und man es zu den paradiesischen Köstlichkeiten rechnete. Weihnachten erinnert immer ein wenig an das Paradies. Adam und Eva haben zwar das Paradies verspielt, aber mit der Geburt Jesu beginnt eine neue Hoffnung. Denn Jesus ist in die Welt gekommen, um uns den Himmel zu öffnen. Gerne spricht er vom Hochzeitsmahl des ewigen Lebens. Die Zimtsterne gehören zu den Brosamen, die uns etwas von der himmlischen Freude erahnen lassen.

Ein Vorgeschmack der Seligkeit
Die Rosinen

Der Advent ist die Zeit der Vorfreude. Er möchte uns einen Vorgeschmack künftiger Freude geben, die Gott allen verheißen hat, die an ihn glauben. Weihnachten mit seinem Gabentisch und all den Köstlichkeiten weiblicher Backkunst spiegelt die Liebe Gottes zum Menschen, die sich im Kind, das in der Krippe liegt, geoffenbart hat. An Weihnachten öffnet sich der Himmel gleichsam einen Spalt breit, um uns am ewigen Glück einen Augenblick teilnehmen zu lassen.

Man befindet sich in einer ähnlichen Situation wie das israelitische Volk, als es nach jahrzehntelanger Wanderung an der Schwelle des Gelobten Landes steht. Kundschafter werden ausgeschickt und sie berichten nach ihrer Rückkehr nicht nur, dass das Land, in das Mose sie führen will, tatsächlich von Milch und Honig fließt, sondern sie bringen auch eine Weintraube mit, die sie zu zweit auf einer Stange tragen müssen. Nicht alle Kundschafter sind begeistert von dem Land, denn man dürfe nicht erwarten, dass die in befestigten Städten wohnenden Menschen sie bereitwillig aufnehmen würden. Alles sei in dem Land riesig: die Trauben und die Menschen. Die Israeliten, die eben noch voller Freude waren, sind nun mutlos und verzweifelt. Sie können nicht glauben, dass sie im Gelobten Land Heimat finden werden. Weil sie nicht glauben, müssen sie ihre Wüstenwanderung fortsetzen. Die Trauben des Gelobten Landes trocknen in der Wüstensonne aus. Die Israeliten essen sie und schmecken etwas von der Köstlichkeit des Landes, das Gott ihnen geben möchte.

Die getrockneten Trauben sind nichts anderes als die Rosinen. Sie gehören bis zum heutigen Tag zur jüdischen Hochzeitsfeier. Wenn der Bräutigam gerufen wird, um den Segen für den gemeinsamen Bund aus der Bibel vorzulesen, lässt man Mandeln, Rosinen und andere Süßigkeiten auf ihn herabregnen. Das Brautpaar soll nicht an Gottes Beistand zweifeln, sondern im Glauben an ihn seinen Weg gehen. Wer auf Gott vertraut, der kommt ans Ziel und gelangt in das Gelobte Land. Natürlich dürfen bei der Hochzeitsfeier auch Kuchen mit Rosinen nicht fehlen. Schon König David ließ solche Kuchen backen, als die Bundeslade nach Jerusalem gebracht wurde. Die Bundeslade, in der die beiden Gesetzestafeln mit den Zehn Geboten, der Stab Aarons und ein Krug mit Manna aus der Wüste aufbewahrt wurden, war das Allerheiligste des jüdischen Volkes. König David wollte, dass alle sich darüber freuen, wenn Jerusalem das Allerheiligste aufnehmen darf. Jeder Bewohner, jeder Mann, jede Frau bekam einen Laib Brot und einen Kuchen mit Rosinen.

In früheren Zeiten haben die Lehrer fleißige Schüler mit Rosinen belohnt, wie Friedrich Hebel in seinen Lebenserinnerungen erzählt. Sie gingen freilich mit dem Austeilen von Rosinen sparsamer um als mit dem Austeilen von Schlägen. Rosinen gehören zum Bestand der Zutaten für die Weihnachtsbäckerei. Sie lassen die himmlische Süßigkeit verspüren. Schon die einfachen Nikolausbrote aus Hefeteig bekommen Rosinenaugen und Mantelknöpfe aus Rosinen, beim Christstollen wird an Rosinen vollends nicht gespart. Manche Kinder holen sich die Rosinen aus einem Gebäck heraus und lassen das Backwerk achtlos liegen. Das ist sprichwörtlich geworden: „Der pickt sich nur die Rosinen heraus", ebenso wie „Der hat große Rosinen im Kopf." Damit ist einer gemeint, der große Pläne hat, die sich kaum verwirklichen lassen.

Als der Pfarrer einen kleinen Buben, der vom Einkaufen kommt, damit beschäftigt sieht, aus einem Kuchen die Rosinen herauszusuchen, um sie sich schmecken zu lassen, mahnt er den Nascher: „Aber, aber, so etwas tut man doch nicht." „Wieso? Ich soll doch einen Kuchen ohne Rosinen bringen. Im Übrigen geht Sie das gar nichts an. Ich bin nämlich evangelisch." Ob katholisch, ob evangelisch – Rosinen sind allemal gut und dies selbst, wenn sie genascht werden, wie das in der Vorweihnachtszeit immer wieder vorkommt. Denn sie bescheren nicht nur ein schlechtes Gewissen, sondern auch ein Stück Vorfreude auf die Zeit, in der man solche Köstlichkeiten ohne schlechtes Gewissen genießen kann.

Warum am Heiligen Abend Fisch?
Der Weihnachtskarpfen

Jede Familie hat an Weihnachten feste Bräuche. Der Heilige Abend hat seine Form vom gemeinsamen Essen über die Bescherung bis hin zur Christmette. Die meisten Familien halten es so, wie sie es im Elternhaus erlebt haben, und geben es als beglückende Erfahrung an ihre Kinder weiter. So kommt es, dass am Heiligen Abend auf dem Speisezettel sehr häufig Fisch steht. Das hat einen Grund, den viele nicht mehr kennen.

Jahrhundertelang war der Tag vor dem Fest der Geburt Christi ein Abstinenztag, an dem man wie jeden Freitag weder Fleisch noch Wurst essen durfte. Man sprach vom „Vigiltag" vor Weihnachten. Mit einem Vigiltag verband sich die Aufforderung, zu wachen und zu beten, aber auch zu fasten. Man aß sich an einem Fasttag nur einmal satt. Fische kamen eher selten auf den Tisch, aber am Heiligen Abend schätzte man nicht nur in den Klöstern den Weihnachtskarpfen. Die Zisterzienser, aber auch die Prämonstratenser legten großen Wert auf ihre Fischweiher. Ihre Karpfenteiche waren berühmt. Da die Ordensregel es nicht erlaubte, dass der Fisch über den Tellerrand hinausreichen durfte, haben die Mönche den kurzen, gedrungenen Spiegelkarpfen gezüchtet, der nicht über den Teller hinausreichte, aber ihn ordentlich füllte. Hinzu kommt, dass der Karpfen zu diesem Zeitpunkt am schmackhaftesten ist.

Der Fisch am Heiligen Abend ist eine Fastenspeise und er schlägt eine Brücke hin zum Judentum, denn am Vorabend des Sabbats werden mit Vorliebe Fischspeisen serviert, weil die Fische die Sintflut überlebt haben und damit ein Zeichen der Hoffnung sind. Für Christen hat der Fisch einen Bezug zu Jesus und damit zum Kind in der Krippe. Zu den ältesten christlichen Symbolen zählt der Fisch. Er war das Geheimzeichen der frühen Kirche. Das griechische Wort für Fisch lautet: Ichthys. Jeder Buchstabe steht für ein Wort. Mit dem Zeichen des Fisches bekannten die Christen sich inmitten der Verfolgung zu Jesus Christus, dem Sohn Gottes und Heiland der Welt. Mit dem Zeichen des Fisches bekannten sie sich zur heiligen Taufe, denn im Wasser und im Heiligen Geist wurden sie zu Kindern Gottes. Mit dem Zeichen des Fisches bekannten sie sich zur Vergebung der Sünden, denn wie die Fische die Sintflut überlebten, so werden auch sie durch Gottes Erbarmen gerettet.

Den Mönchen des Mittelalters war dies noch bewusst. Wenn sie den Weihnachtskarpfen aßen, dann freuten sie sich auf die Heilige Nacht und die Christmette, „denn heute ist Christus geboren, der Retter der Welt". Jesus hat bei der wunderbaren Brotvermehrung zwei Fische und fünf Brote gesegnet. Die Apostel teilten sie aus. Es war eine ungeheuer große Menge, die darauf wartete, etwas zum Essen zu bekommen. Alle erhielten von den Fischen und von den Broten. Alle aßen. Alle wurden satt. Man hob noch zwölf Körbe von den Stücklein auf, die übrig geblieben waren. Dieses Bild hatten die Mönche vor Augen, wenn sie ihren Weihnachtskarpfen aßen. Jetzt aßen sie den Fisch. Er stärkte ihren Leib für die Feier der Heiligen Nacht. In der Christmette aber lud sie der Herr selber zu seinem Tisch, damit sie die Speise für die Seele erhielten, das Brot des Lebens in der heiligen Kommunion.

Der Weihnachtskarpfen wird immer mit einer Zitrone serviert. Die Zitrone gibt dem Fisch den besonderen Geschmack, aber auch hier geht es nicht nur um Geschmack, sondern auch um die Erinnerung an das Paradies. Der Tag vor Weihnachten ist der Gedenktag von Adam und Eva. Sie haben durch ihre Sünde das Paradies verspielt. Die süße Frucht wurde damit sauer. Mit der Geburt Jesu bricht das Heil an. Gottes Sohn wird Mensch. Der Himmel öffnet sich in der Heiligen Nacht zum Lobpreis der Engel.

Der Weihnachtskarpfen möchte auf seine Weise in den Lobpreis der Engel einstimmen. Seine Predigt ist eher das stumme Sich-Schicken in sein Los. Denn die Botschaft, die er ausrichten will, wird kaum mehr verstanden. Man kann sie auf den kurzen Nenner bringen: Diese Welt ist nicht das Paradies, aber durch die Geburt Jesu ist das Heil angebrochen. Das muss alle Welt mit Freude erfüllen.

Wohl bekomm's!

Ein franziskanischer Wunsch nach dem Essen

Nach dem gemeinsamen Mittagessen in den Klöstern des Franziskaner-ordens pflegt man zu sagen: „Wohl bekomm's!" Der Wunsch hat seinen Ursprung im Leben des heiligen Franziskus von Assisi. Franziskus lebte in großer Armut und dies wurde auch zum Ideal der Gemeinschaft. Im Gegensatz zu den Benediktinern, die sich bemühten, von ihrer Hände Arbeit zu leben gemäß ihrem Wahlspruch „Ora et labora" – Bete und ar-beite, haben die Söhne des heiligen Franziskus vom Betteln gelebt. Man nennt deshalb die Franziskaner und Kapuziner Bettelorden.

Zu der jungen Gemeinschaft gehörte auch der Bruder Ginepero. Der Obere trug ihm auf, für die anderen Brüder in deren Abwesenheit ein Essen zu kochen. Bruder Ginepero machte sich auf den Weg, um zu betteln. Er erhielt Hühner, Eier und Gemüse. Auf Grund der reichen Gaben entschloss er sich, gleich für 14 Tage zu kochen, denn er fand, man vergeude allzu viel Zeit in der Küche, die man besser zum Beten verwenden würde. Da das Gesammelte nicht in einem Topf Platz hatte, erbettelte er auch noch einige Kochtöpfe. Dann machte er sich an die Arbeit. Er warf die Hühner samt Federn in die Töpfe und die Eier samt Schalen. Mit dem Gemüse hielt er es ebenso.

Als die Brüder nach Hause kamen, brachte Bruder Ginepero seine Kochkünste in den Speisesaal und sagte voll Freude: „Wohl bekomm's!" Er fügte hinzu: „Ich habe für 14 Tage gekocht, damit keiner von uns mehr wegen der Kocherei vom Beten abgehalten wird." Die Brüder schauten sehr betreten in die Töpfe. Ihnen war der Appetit gründlich vergangen. Wer soll so einen Fraß essen? Bei aller Liebe zur Armut, aber dieses Essen war ungenießbar. Der Guardian, der Obere des Klosters, wurde rich-tig zornig und schimpfte den Bruder Ginepero ordentlich aus. So viel Dummheit hätte er ihm nicht zugetraut. Ganz zerknirscht antwortete der Bruder: „Einen anderen hängt man für seine Missetaten. Ich aber bin dessen Wert für mein schlimmes Tun. Und nun bin ich auch noch zum Verwüster von vielen Gaben Gottes und des Ordens geworden." Das ergriff den Guardian derart, dass er zu den Brüdern sagte: „Die Einfalt und Liebe des Bruders Ginepero sollte uns ein Vorbild sein."

Man könnte auch sagen: Das Verhalten von Bruder Ginepero war allen künftigen Klosteroberen eine Warnung. Man kann die Küche nicht einem überlassen, der vom Kochen keine Ahnung hat. Die Brüder, die in späteren Zeiten für das Kochen verantwortlich waren, haben sich nicht selten zu wahren Meistern der Kochkunst entwickelt, die den Spagat zwischen Armut und gutem Essen hervorragend beherrschten. Ein Büchlein „Wohl bekomm's!" hat Eve Landis herausgegeben und dabei Rezepte aus der Schweizer Kapuzinerküche, verbunden mit zahlreichen Anekdoten, zusammengestellt, die zum Nachkochen geradezu einladen. Suppen aller Art kann man hier entdecken, aber auch Thunfisch nach Kapuzinerart, Franziskusfisch, Kapuziner Schweinsbraten, Bsoffener Kapuziner und nicht zuletzt der von allen geschätzte Cappuccino.

Übrigens wurde den Kapuzinern zum Essen immer ein Krüglein mit einfachem Tischwein serviert. An Festtagen gab es einen besseren Wein, den sogenannten „Ehrenwein". Als ein Kapuziner in einer Pfarrei zur Aushilfe war, ließ der Pfarrer auch Wein einschenken. Der Kapuziner kommentierte: „vinum est bonus". Der Pfarrer dachte: Das Latein des Kapuziners ist schwach, denn es müsste heißen „vinum est bonum". Auch bei einem neuen Glas von einem anderen Wein hieß es kurz und bündig: „vinum est bonus". Beim dritten Glas ließ der Pfarrer einen exzellenten Wein einschenken und jetzt gab der Kapuziner sein Urteil: „vinum est bonum". Er fügte hinzu: „quale vinum tale Latinum" – Wie der Wein, so das Latein. Da lässt sich nur hinzufügen: Wohl bekomm's!

Praktisch und gläubig
Heilige Martha 29. Juli

Die Psychologen haben festgestellt, dass es für die Entwicklung eines Menschen von großer Bedeutung ist, ob er als Einzelkind oder mit mehreren Geschwistern aufwächst, ob er als ältestes oder jüngstes Kind geboren wurde. Erstgeborene besäßen größeren Ehrgeiz, Nesthäkchen größere Liebesbedürftigkeit. Kinder, die weder als Älteste noch als Jüngste die besondere Aufmerksamkeit der Eltern gewonnen hätten, seien ideale Ehepartner, ausgeglichene Mitarbeiter, Staatsbürger, die Gemeinsinn bewiesen. Wenn man heute am Gedenktag der heiligen Martha in das Haus von Bethanien schaut, wird man den Psychologen recht geben müssen.

Lazarus, der Älteste, gibt dem Haus, das die drei Geschwister bewohnen, den Namen. Er vertritt die Familie nach außen. Er ist der Herr, zu dem die Schwestern aufschauen, den sie umsorgen und verwöhnen. Seine Freunde finden bei ihnen gastliche Aufnahme. Maria, die Jüngste, hat wenig Sinn für das Praktische und neigt deshalb auch dazu, über die Verhältnisse zu leben. Wie hätte sie sonst ihre Schwester Martha allein in der Küche stehen lassen können, als Jesus bei ihnen zu Gast war? Wie hätte sie sonst ein ganzes Pfund kostbaren Nardenöls über die Füße Jesu gießen können? Das war ein Vermögen und wohl für andere Zwecke bestimmt.

Martha hält das ganze Hauswesen zusammen. Sie hat Verständnis für den Bruder. Sie hat Geduld mit der Schwester. Man könnte es Liebe nennen, die sie in der Küche und im Garten arbeiten lässt. Sie kocht. Sie putzt. Sie wäscht. Es sind lauter kleine Dinge, die gar nicht bemerkt werden, und doch sind sie die Voraussetzung für häusliches Glück und Wohlbefinden. Eine saubere Wohnung, ein schön gedeckter Tisch, ein gutes Essen verdienen es, geschätzt zu werden. Die Liebe geht bekanntlich durch den Magen. Wenn Jesus so gerne in Bethanien einkehrte, dann kommt Martha ein ganz besonderes Verdienst zu. Das Wort Jesu „Martha, Martha, du kümmerst dich um viele Dinge. Eines nur ist notwendig. Maria hat den besseren Teil erwählt" hat sie gewiss betroffen gemacht. Ist Jesus hier nicht undankbar? Weiß er nicht zu schätzen, was sie leistet? Doch! Aber Jesus meint es gut mit ihr. Man kann nicht bloß arbeiten, es braucht auch Ruhepausen. Man muss sich Zeit nehmen, Zeit nehmen für Gott, Zeit nehmen für den anderen, Zeit nehmen für sich selbst. Es sind deshalb alle falsch beraten, die sagen: „Bei mir muss die Arbeit für's Gebet gelten." Zum Gebet wird die Arbeit erst, wenn ich den Segen Gottes in mein Leben hole. Der mittelalterliche Spruch: „Almosengeben armet nicht, Kirchengehen säumet nicht, unrecht Gut gedeihet nicht" ist von großer Lebenserfahrung geprägt.

Martha ist eine praktische Frau. Als ihr Bruder Lazarus schwer erkrankt, schicken die Schwestern nach Jesus. Er kommt lange nicht. Erst nach dem Tod des Bruders trifft er ein. Martha kann Jesus den Vorwurf nicht ersparen: „Herr, wärest du hier gewesen, dann wäre mein Bruder nicht gestorben." Als Jesus das Grab öffnen lassen will, um seinen Freund nochmals zu sehen, sagt sie ganz nüchtern: „Herr, er riecht schon, denn es ist bereits der vierte Tag."

Martha ist eine gläubige Frau. Natürlich hat es sie enttäuscht, dass Jesus nicht sofort nach Bethanien gekommen ist, als er die Nachricht von der schweren Erkrankung des Lazarus erhalten hatte. Trotzdem fügt sie sich in den Tod des Bruders. Trotzdem vertraut sie Jesus. Die Verheißung Jesu: „Dein Bruder wird auferstehen" weist sie nicht als billige Vertröstung zurück, sondern sie bekennt ihren Glauben an die Auferstehung der Toten, mehr noch: sie bekennt: „Ja, Herr, ich glaube, dass du der Messias bist, der Sohn Gottes, der in die Welt kommen soll." Dieses Glaubensbekenntnis führt zur Tat Jesu. Am Grab, von dem der Stein weggewälzt wurde, ruft Jesus: „Lazarus, komm heraus!" Da kam der Verstorbene heraus. Martha und Maria erhalten den Bruder zurück.

Gerne wüssten wir, wie die Geschichte weitergegangen ist, doch da betreten wir das Feld der Legende. Die Geschwister sollen nach dem Pfingstfest Bethanien verlassen haben und in einem kleinen Boot nach Frankreich gelangt sein. Dort hätten sie den Glauben an Jesus verkündet. Im Süden Frankreichs wird die Verehrung der heiligen Martha hoch gehalten, und dies mit Recht, denn von ihr können wir viel lernen, ganz gleich, ob es um die Bewältigung der Probleme des Alltags geht oder um den Glauben an Jesus Christus, der uns Hoffnung gibt über dieses Leben hinaus, denn was Jesus Martha sagt, gilt uns allen: „Jeder, der lebt und an mich glaubt, wird in Ewigkeit nicht sterben."

Die Suppe schmeckte ihm nicht
Heiliger Meinwerk 5. Juni

Als die Nachricht vom Tod des Paderborner Bischofs Rathar bei Kaiser Heinrich II. eintraf, galt es einen geeigneten Nachfolger zu finden. Zwar hätte er seinem Schulkameraden Meinwerk gerne ein bedeutenderes Bistum anvertraut als das arme Paderborn, aber brauchte nicht gerade Paderborn einen tatkräftigen Bischof?

Meinwerk stammte aus dem sächsischen Hochadel. Seine Eltern Immeth Graf von Teisterband und Radichen und Gräfin Adala bestimmten ihren Sohn für den geistlichen Stand. An den Domschulen von Halberstadt und Hildesheim bekam er das Rüstzeug, das ihn befähigte, Verantwortung in Kirche und Staat zu übernehmen. Kaiser Otto III. berief den Domherrn von Halberstadt als Pfalzkaplan nach Aachen. Kaiser Heinrich II. machte ihn zu seinem Hofkaplan. Man rühmte sein Verhandlungsgeschick und sein Einfühlungsvermögen. Die Bischöfe sahen in ihm einen guten Sachwalter ihrer Belange am königlichen Hof. Der Kaiser konnte sicher sein, dass seine Interessen wahrgenommen würden. Nun wurde Meinwerk selber Bischof. Der greise Mainzer Erzbischof Willigis erteilte ihm die Weihe.

Der neue Bischof bereiste zuallererst sein Bistum. Nicht immer reiste er standesgemäß und mit Gefolge, manchmal machte er sich als Kaufmann auf den Weg, um seine Diözese kennenzulernen. Man sagte, Paderborn sei unter allen deutschen Bistümern das allerärmste. Das sollte nicht so bleiben. Der Kaiser selbst machte einige Stiftungen, um den Besitz des Hochstiftes zu mehren. Bischof Meinwerk besaß aus dem elterlichen Erbe zahlreiche Güter, die er dem Bistum schenkte. Er achtete auf eine gute Bewirtschaftung. Es wird erzählt, als er einmal völlig unverhofft auf einem der Güter angekommen sei, habe er die Frau des Pächters in Samt und Seide angetroffen, aber der Gemüsegarten sei voller

Unkraut und Brennnesseln gewesen. Da habe der Bischof seine Knechte angewiesen, die Dame so lange durch die Brennesseln zu ziehen, bis das Unkraut verschwunden gewesen sei.

Bischof Meinwerk entfaltete eine große Bautätigkeit. Seine besondere Aufmerksamkeit galt der Bischofskirche, dem Paderborner Dom. Im Jahre 1000 war er abgebrannt und nur notdürftig wieder hergerichtet worden. Meinwerk ließ alles abbrechen und einen größeren Dom bauen. Namhafte Künstler wurden nach Paderborn gerufen. Die Gründung von Klöstern war ihm ein Anliegen. Er unterstützte die Reformbewegung von Cluny. Die Reformklöster sollten zu einer Erneuerung der bestehenden Abteien einführen, in denen sich manche Missstände eingeschlichen hatten. Es gab manche Widerstände, aber das brachte ihn nicht von seinem Ziel ab.

Bei einem Klosterbesuch, den er wieder einmal völlig unerwartet abstattete, ging er geradewegs in die Küche und versuchte die Speisen, die auf den Tisch kommen sollten. Nichts schmeckte ihm. Bei der Suppe fehlte das Salz. Das Fleisch war zerkocht. Der Salat hatte keine Würze. Der Abt gab dem Bischof zu verstehen, man sei hier nicht in der bischöflichen Hofküche, sondern in einem Kloster, in dem der Verzicht großgeschrieben werde. Bischof Meinwerk ließ dies nicht gelten: „Verzichte du soviel du willst, aber gegen die Untergebenen sei mild und gütig. Ich werde euch Salz und Gewürze zukommen lassen, damit eure Mahlzeiten schmackhafter werden."

Dankbar erinnerte er sich an seine Ausbildung, die er an den Domschulen von Halberstadt und Hildesheim erhalten hatte, deshalb gründete er auch in Paderborn eine Domschule und berief hervorragende Lehrer, die von ihm in jeder Beziehung unterstützt wurden. Besonders geschätzt wurde die reiche Bibliothek, die der Bischof besaß und der Domschule überließ.

Meinwerk entfaltete in den 27 Jahren seines Wirkens eine reiche Bautätigkeit. Künstler bis von Süditalien wurden nach Paderborn geholt.

Alles stellte er in den Dienst Gottes. Seinen ganzen Besitz schenkte er dem Bistum. Er ging als Erneuerer des Ordenslebens ebenso in die Geschichte ein wie als ein Bischof, der überall nach dem Rechten sah. Am 5. Juni 1036 starb er, nachdem er wenige Tage zuvor noch in Anwesenheit Kaiser Konrads II. die Stiftskirche Busdorf einweihen konnte, die nach den Maßen der Grabeskirche in Jerusalem errichtet worden war.

Alles im Gehorsam
Andrea Pozzo, der Erfinder der Architekturmalerei

In nicht wenigen Barockkirchen findet man in den Deckenfresken Malereien, die Gewölbe vortäuschen, obwohl sie auf die flache Decke gemalt sind. Man kann auch Seitenaltäre sehen mit den schönsten Aufbauten, die nur an die Wand gemalt sind. Einzig der Altartisch ist keine Illusion. Der Erfinder dieser Art von Malerei war der Jesuitenbruder Andrea Pozzo.

In Trient erblickte er am 30. November 1642 das Licht der Welt und wurde im dortigen Dom getauft. Hier hatte 100 Jahre zuvor das Konzil von Trient (1545–1563) stattgefunden, an dem auch der Jesuit Petrus Canisius zeitweise teilnahm. Der Vater schickte seinen ältesten Sohn auf die angesehene Schule der Jesuiten. Andrea hatte jedoch Schwierigkeiten mit dem Lernen. Die lateinischen Vokabeln wollten nicht in seinen Kopf. Ständig zeichnete er. Nur zum Malen der Theaterkulissen war er brauchbar. Seine Lehrer rieten dem Vater, den Sohn statt zu den Jesuiten zu einem Maler zu schicken. Der Vater befolgte den Rat. Andrea wurde von Palma Giovanes in Trient als Lehrling aufgenommen. Der talentierte Schüler durchlief einige Werkstätten und dachte daran, sich selbstständig zu machen. Eine Predigt im Mailänder Dom über die Vergänglichkeit alles Irdischen bewegte den 23-Jährigen so tief, dass er sich entschloss, die Welt zu verlassen, um Jesuit zu werden.

Im Kloster brauchte man keinen Maler, sondern einen Koch. Bruder Andrea lernte deshalb kochen. Er hatte das Gelübde des Gehorsams abgelegt. Der Gehorsam ließ ihn den Pinsel aus der Hand legen und zum Kochlöffel greifen. Als freilich die Familie Savoia zum Besuch des Theaters ins Jesuitenkolleg kam, war die erste Frage: „Von wem stammen diese großartigen Theaterkulissen?" Die Antwort des Direktors: „Von unserem Küchenbruder". Das war das vorläufige Ende der Kochtätigkeit von Pozzo. Die Familie Savoia wünschte, dass er die Kirche in Monlovi ausmalte. Der Ordensgeneral Pater Oliva reiste durch Piemont und besuchte die Kirche, in der Pozzo malte. Er war begeistert. Sofort nach Abschluss seiner Arbeit solle er nach Rom kommen. Gehorsam folgte Bruder Andrea den Anweisungen seines Oberen. Allerdings war Pater Oliva inzwischen gestorben. Der Nachfolger, ein wenig kunstsinniger Mann, schickte Bruder Andrea in die Küche des römischen Jesuitenkollegs. Der bescheidene Ordensmann sorgte wieder dafür, dass sich alle sattessen konnten. Als ein Pater aus Frascati klagte, man habe kein Geld für die Seitenaltäre, da meinte Pozzo: „Ich male euch ein paar Seitenaltäre an die Wand." Man ließ Bruder Andrea malen und das Ergebnis gefiel so sehr, dass man ihn schließlich auch bat, den Ignatiusaltar in Il Gesu zu malen. Sein bedeutendstes Werk aber wurde das Deckenfresko von San Ignazio. Hier hat er ein Meisterwerk perspektivischer Malerei vollbracht. Seine Erfahrungen legte er in einem zweibändigen Werk nieder: „Perspectiva pictorum et architectorum". Es hat die ganze Barockmalerei maßgeblich beeinflusst.

San Ignazio war fertig und wieder kam ein Ordensgeneral, der für Malerei nicht viel übrig hatte, allerdings wurde Bruder Andrea nicht wieder in die Küche geschickt, sondern man entsprach der Bitte Kaiser Leopolds, ihn nach Wien zu schicken. In den folgenden Jahren hat er für das Kaiserhaus gearbeitet, aber auch zahlreiche Kirchen ausgemalt. Zuletzt an der Gicht erkrankt, konnte er sich nur mit viel Mühe auf dem Gerüst bewegen, aber er arbeitete bis zuletzt und starb am 31. November 1709 in Wien eines heiligmäßigen Todes. Schon in Rom hatte er zahlreiche Schüler, ebenso dann in Wien. Der bescheidene Maler aus dem Orden der Jesuiten hat mit seiner Malkunst mehr bewirkt als der beste Lateinlehrer und als mancher Prediger. Er hat den Himmel auf die Erde geholt, damit die Menschen nie vergessen, wozu sie berufen sind.

Die Karriere des Ministranten aus Pfronten
Bruder Georg von den Kapuzinern

Der aus Nesselwang bei Füssen stammende Augsburger Bischof Dr. Maximilian von Lingg veranlasste 1922 die Umbettung des aus Pfronten stammenden Kapuzinerbruders Georg Erhart aus der Gruft seines Klosters in Frascati bei Rom nach Kempten in die Kapuzinerkirche St. Anton. Der Bischof hatte die Absicht, den 1781 eingeleiteten Seligsprechungsprozess wieder aufzunehmen, aber es blieb bei der Absicht.

Dass es nicht zu einer Wiederaufnahme kam, mag auch damit zusammenhängen, dass die Kapuziner ein stärkeres Interesse an der Heiligsprechung des Bruders Konrad von Altötting hatten, die 1933 erfolgte. Bruder Georg von Pfronten war zwar in dem Allgäuer Ort zu Hause, 1696 am 25. November war er hier zur Welt gekommen und am gleichen Tag auf den Namen Andreas getauft worden, aber schon in jungen Jahren verließ er Pfronten, um in Immenstadt Bäcker zu werden. Das frühe Aufstehen machte ihm nichts aus. Das war er von zu Hause gewohnt. Man ging früh zu Bett und man stand früh auf. Wenn der Stall am Morgen versorgt war, machte man sich auf den Weg zur Kirche. Andreas gehörte zu der kleinen Schar der Ministranten. Das Lernen der lateinischen Gebete war ihm nicht schwergefallen, ebensowenig das Falten der Hände und das Beugen der Knie. Andreas war stolz darauf, am Altar dienen zu dürfen. Ganz nah bei Jesus sein, das wollte er.

Jedesmal, wenn er in der Bäckerei die Glocke hörte, die zur heiligen Messe am Werktag einlud, wäre er am liebsten aus der Backstube weggelaufen, um an der heiligen Messe teilzunehmen. Im Geiste war er freilich in der Kirche. Wenn die Wandlungsglocke läutete, verrichtete er ein Stoßgebet. Am Sonntag aber ministrierte er bei der Frühmesse, wenn die kleinen Messbuben wieder einmal verschlafen hatten. Den ganzen Sonntagvormittag verbrachte er in der Kirche und er fehlte auch am Nachmittag bei der Andacht nicht. Mit Aufmerksamkeit folgte er der

Christenlehre. Man sah den jungen Mann den Rosenkranz beten und den Kreuzweg gehen. Sein Meister wunderte sich nicht, als sein Geselle ihm mitteilte, er wolle nach Rom pilgern. 1718 machte er sich auf den Weg in die Heilige Stadt.

Rom faszinierte den jungen Allgäuer. Er pilgerte von Kirche zu Kirche. Sein Zehrpfennig war bald aufgebraucht, aber ein Schweizer Gardist wusste einen Bäcker, der einen Gesellen suchte. Andreas wurde ein Römer. Schon bald konnte er sich in Italienisch verständigen. So gerne Andreas Bäcker war, er hätte gerne aus seinem Leben noch mehr gemacht. Sein Beichtvater gab ihm den Rat, bei den Kapuzinern anzuklopfen. 1724 tritt er bei ihnen ein und aus dem Andreas Erhart wird ein Fra Giorgio, ein Bruder Georg. Er kommt in den nächsten Jahren durch halb Italien. Überall, wo Not am Mann ist, kann man den vielseitigen Ordensmann brauchen. Er stellt keine Ansprüche. Im Gehorsam würde er bis ans Ende der Welt gehen. Er ist in der Klosterküche ebenso zu Hause wie auf der Krankenstation als Pfleger, er jätet das Unkraut und schmückt die Kapelle. In Rom setzt man ihn als Almosensammler ein und kein Bruder hat mehr nach Hause getragen als der humorvolle Kapuziner aus Pfronten. Man ruft ihn zu den Kranken, damit er für sie betet. Manche werden gesund. Man holt ihn zu den Sterbenden, um sie auf ihrem letzten Weg zu begleiten. Die Angehörigen sind dankbar für seinen Trost.

Als er am 7.10. 1762 in Frascati bei Rom stirbt, geht die Nachricht wie ein Lauffeuer durch den Ort. Die Buben rufen es jedem zu: „Der Heilige ist gestorben. Der Heilige ist gestorben" und dies, obwohl er in Frascati kaum bekannt war. Die Pfrontener haben eine Bruder-Georg-Gedächtniskapelle errichtet und wissen ihre Anliegen bei dem Kapuzinerbruder in guten Händen, wie viele Gebetserhörungen beweisen.

Die Mystikerin inmitten der Kochtöpfe
Schwester Ulrika Nisch am 8.Mai

Als die Küchenschwester Ulrika Nisch nach fast einjährigem Kranken-hausaufenthalt in Hegne am Bodensee starb, es war der 8. Mai 1913, wussten nur wenige, dass diese bescheidene Ordensfrau eine begnadete Mystikerin war. Sie hätte nie darüber gesprochen und nie etwas nie-dergeschrieben, wenn nicht ein Exerzitienmeister dies veranlasst hätte.

In der Nähe von Oberstadion, wo Christoph von Schmid als Pfar-rer mehrere Jahre zu Beginn des 19. Jahrhunderts gewirkt hat, kam Schwester Ulrika am 18. September 1882 als uneheliches Kind zur Welt und erhielt in der heiligen Taufe den Namen Franziska. Sie wuchs zunächst bei den Großeltern auf. Später nahmen sie die Eltern zu sich, aber der schmale Verdienst des Vaters reichte nicht aus, um die kinder-reiche Familie zu ernähren, sodass Franziska bei ihrer Patin eine neue Bleibe fand. Hier half sie bereits fleißig mit. Es war für sie keine große Umstellung, als sie mit 16 Jahren als Dienstmädchen in einen Haus-halt ging. Von ihrem schmalen Lohn gab sie noch einen Großteil an die Eltern ab, die in ständigen finanziellen Nöten waren. Später nahm sie eine Stelle in der Schweiz an, die besser bezahlt war.

Von Kindheit an liebte sie das Gebet und die heilige Messe. Auch an ihren Dienststellen vernachlässigte sie das religiöse Leben nicht. Der Wunsch, sich einer Ordensgemeinschaft anzuschließen, war schon früh vorhanden. Als sie wegen einer Gesichtsrose ins Krankenhaus kam, lernte sie die Kreuzschwestern von Ingenbohl kennen. Hier fasste sie den Entschluss, ins Kloster zu gehen. 1904 trat sie ein und bei ihrer Einkleidung erhielt sie den Namen des heiligen Ulrich, des Namens-patrons ihres Vaters. Schwester Ulrika war von Anfang an in der Küche beschäftigt. Durch ihre stille und bescheidene Art, aber auch durch ihren Fleiß hat sie sich rasch Anerkennung erworben. Auch wenn sie von der Küchenchefin, eine Mitschwester, manchmal barsch angefahren wurde, ließ sie das still, nicht selten mit einem Lächeln, über sich ergehen.

Am liebsten war sie in der Kapelle. Hingebungsvoll konnte sie beten. Sie brauchte dazu kein Gebetbuch. Das Schwesternbrevier, das sie lateinisch zu beten hatte, empfand sie eher belastend. Vor dem Tabernakel schwang ihre Seele empor zu Gott. Bei Jesus sein, bei ihm verweilen dürfen, war ihr höchstes Glück. Mitschwestern, die sie beobachteten, stellten fest, dass Schwester Ulrika beim Beten oft völlig entrückt war. Einmal gefragt, was sie denn nach dem Empfang der heiligen Kommunion bete, gab sie zur Antwort: „Er liebt mich, ich liebe ihn. Ich mache keine Worte." Schwester Ulrika empfand ihre mystische Begnadung als nichts Außergewöhnliches. Sie war überrascht, dass andere Schwestern den Schutzengel nicht sehen konnten. Sie hatte von Kindheit an vertrauten Umgang mit ihrem Schutzengel. Sie hatte auch eine besondere Beziehung zu den Armen Seelen. Für sie betete sie, damit sie in den Himmel kommen.

Wie bei vielen begnadeten Menschen spielte in ihrem Leben Krankheit und Leid eine große Rolle. Sie hat es klaglos getragen. Hinter allem sah sie Gottes Willen, der alles zum Besten fügt. Trotz ständiger Kopfschmerzen ging sie ihrer Arbeit nach. Eine Operation sollte Linderung bringen, aber dann bekam sie Tuberkulose, die schließlich zu ihrem frühen Tod mit 31 Jahren führte. Die letzten Jahre ihres Lebens durchlitt sie neben der körperlichen Schwäche auch tiefe seelische Not. Zweifel überfielen sie. Anfechtungen in Glaubensdingen suchten sie heim. Sie fragte sich, ob ihre innere Schau nicht Selbsttäuschung sei. Am Ende ihres Lebens sagt sie: „Ich denke manchmal an das, was ich alles durchgemacht habe, von dem niemand eine Ahnung hatte. Jetzt ist alles vorüber." Am liebsten hatte sie immer die Einfachheit Gottes betrachtet, daraus wuchs ihre Liebe: „O Liebe, ich will ganz Liebe sein", hat sie gebetet. So hat sie gelebt. Still, einfach und täglich inmitten der Töpfe ihrer Küche Gott gedient. Papst Johannes Paul II. hat diese schlichte Küchenschwester 1987 seliggesprochen.

Ein schwäbischer Kammerdiener
Bruder Florian Settele bei Nuntius Pacelli

Die Vorgänge um den Kammerdiener von Papst Benedikt XVI., der sich nicht nur als Plaudertasche erwies, sondern auch noch als gemeiner Dieb, ruft die Erinnerung an einen anderen Kammerdiener wach: den aus der Diözese Augsburg stammenden Franziskanerbruder Florian Settele. Hier seine Geschichte:

Das katholische Berlin war auf den Beinen, als der Apostolische Nuntius, Erzbischof Eugenio Pacelli, in der St. Hedwigs-Kathedrale den Festgottesdienst zum Jahrestag der Krönung Papst Pius' XI. zelebrierte. Man schrieb das Jahr 1926. Die katholischen Studentenverbindungen standen in voller Wichs Spalier. Fahnenabordnungen der katholischen Vereine und Verbände begleiteten den Nuntius auf dem Weg zur Kathedrale. Die imponierende Erscheinung des päpstlichen Gesandten, der segnend vorbeischritt, wurde noch unterstrichen durch seine Kleidung. Über dem violetten, ins rot gehenden Talar und dem Spitzenchorrock trug er die Cappa magna mit dem Hermelin. Die Cappa magna ist ein Umhang in der Farbe des Talars und geht in eine Schleppe über. Die neun Meter lange Schleppe benötigt auch einen Schleppenträger. Meistens hatten die Alumnen des Priesterseminars diesen Dienst bei den Bischöfen zu versehen. Die Cappa magna des Nuntius Pacelli trägt ein junger Mann in der Livrèe der Nuntiatur. Es handelt sich um den Franziskanerbruder Florian Settele.

Der aus Rettenbach bei Marktoberdorf im Allgäu stammende Kasimir Settele hatte eine Lehre als Koch absolviert, als man den 1897 Geborenen zu den Waffen rief. Im Balkan wurde er eingesetzt. Sobald der 1. Weltkrieg zu Ende war, trat er bei den bayerischen Franziskanern ein und erhielt den Ordensnamen Florian. Einen Koch konnte man im Kloster gut gebrauchen, aber als der seit 1917 in München tätige Nuntius Pacelli den Provinzial um zwei Ordensbrüder bat, die er als Chauffeur und Hausdiener benötigte, fiel die Wahl auf Bruder Florian. Seine Aufgabe war fortan, Besucher an der Pforte zu empfangen. Beim Essen servierte Bruder Florian. Sofern Gäste da waren, tat er dies in der Livrèe der päpstlichen Nuntiatur. Da Bruder Florian schon im 1. Weltkrieg mit Autos umzugehen gelernt hatte, fiel ihm jetzt auch die Aufgabe zu, den Nuntius mit dem Auto zu den Terminen, die er wahrzunehmen hatte, zu fahren. Chauffeur und Kammerdiener, das war Bruder Florian Settele.

Der Nuntius konnte auf die absolute Verschwiegenheit des stillen und immer heiter gestimmten Franziskaners zählen. Von der Nuntiatur ging nichts nach draußen. Man erfuhr auch nicht, welche Bischöfe oder Politiker vorgesprochen hatten. Als Nuntius Pacelli 1925 von München nach Berlin übersiedelte, nahm er neben Schwester Pasqualina, die den Haushalt führte, auch Bruder Florian mit. Der Nuntius wusste die Zuverlässigkeit des bescheidenen Franziskaners zu schätzen, dem nie etwas zu viel war und der ihn wohlbehalten durch ganz Deutschland chauffierte. Als Nuntius Pacelli 1929 vom Papst nach Rom berufen wurde, war für Bruder Florian die Stunde des Abschieds gekommen. Der Kardinal benötigte in Rom keinen eigenen Chauffeur mehr und so kehrte Bruder Florian ins Kloster zurück.

Er hätte nun den Mitbrüdern zahllose Anekdoten berichten können, aber die Mitbrüder hätten dies wohl nur als Eitelkeit aufgefasst. Er zog es vor zu schweigen, nur dann und wann äußerte er sich über die Liebenswürdigkeit und Güte des Nuntius, der auch in schwierigsten Situationen nie die Fassung verloren hatte. Riesig freute er sich, als Eugenio Pacelli 1939 Papst wurde. Da reihte er sich in die Schar der Gratulanten aus aller Welt ein. Seit 1934 lebte er im Kloster St. Anton Partenkirchen. Man konnte Bruder Florian zu allem brauchen. Er kochte, putzte, bügelte. Er war Mesner und Gärtner, Maurer und Schreiner. Er freute sich an Gottes Schöpfung, machte Bergtouren, aber am liebsten verweilte er in der Kapelle vor dem Tabernakel. Bald nach Ausbruch des 2. Weltkrieges wurde Bruder Florian Settele eingezogen. Seine Kochkünste waren gefragt. Man rühmte seine Feldküche als die beste des ganzen Bataillons. Den ganzen Russlandfeldzug hat er mitgemacht. Er erlitt schwere Verwundungen. Immer wieder erkrankte er, aber die Sorge um seine Kameraden ließ ihn stets wieder zu seiner Kompanie zurückkehren. Bis zuletzt kümmerte er sich um seine Kameraden. Mit ihnen geriet er in russische Gefangenschaft. Im Gefangenenlager Frankfurt/Oder starb er im November 1945.

Seine Schwester, die als Ordensfrau in einem holländischen Kloster den Krieg überlebt hatte, teilte Papst Pius XII. den Heimgang ihres Bruders mit. Der Substitut im Staatssekretariat, Giovanni Battista Montini, der spätere Papst Paul VI., schrieb ihr folgende Zeilen: „Sie können versichert sein, dass der Heilige Vater, der sich an den Verstorbenen wohl erinnert, die Nachricht von seinem Verscheiden mit tiefer Anteilnahme vernommen hat und nicht unterlassen wird, seiner im Gebet zu gedenken." Diesen Brief und einige wenige Bilder bewahrte der langjährige Mindelzeller Lehrer Franz Settele, ein Neffe von Bruder Florian, auf und vererbte sie als kostbare Erinnerung an seine Kinder.